CREÓ DIOS EN UN PRINCIPIO
Iniciación a la Teología de la Creación

PEDRO URBANO LÓPEZ DE MENESES

CREÓ DIOS
EN UN PRINCIPIO

Iniciación a la Teología de la Creación

Quinta edición

EDICIONES RIALP
MADRID

© 2004 *by* Pedro Urbano López de Meneses
© 2024 *by* EDICIONES RIALP, S. A.
Manuel Uribe 13-15, 28033 MADRID
(www.rialp.com)

Primera edición: 2004
Quinta edición: 2024

ISBN: 978-84-321-6894-9
Depósito legal: M-21189-2024
Impreso en Estilo Estugraf, S.L. Ciempozuelos (Madrid)

SUMARIO

ABREVIATURAS

Apocalipsis, Libro del	Ap
Catecismo de la Iglesia Católica	CCE
Colosenses, Carta a los	Col
Daniel, Libro del profeta	Dn
Denzinger, Magisterio de la Iglesia	D
Efesios, Carta a los	Ef
Éxodo	Ex
Génesis	Gn
Hechos de los Apóstoles	Hch
Isaías	Is
Jeremías	Jr
Juan, 1ª Carta de San	1 Jn
Juan, Evangelio según San	Jn
Lucas, Evangelio según San	Lc
Macabeos	Mac
Marcos, Evangelio según San	Mc
Mateo, Evangelio según San	Mt
Romanos, Carta a los	Rom
Salmo	Sal
Sirácida o Eclesiástico	Sir
Suma de Teología de Santo Tomás	S. Th.
Suma contra gentiles	S. Gent.

INTRODUCCIÓN

A los ojos del creyente, la riqueza espiritual de la fe cristiana es inagotable. Pues el conjunto de las verdades de fe forman un panorama de tal magnitud acerca de la realidad de Dios, del hombre y del mundo que, como han hecho tantas generaciones de cristianos, siempre se puede profundizar más en su contenido, en su doctrina moral y espiritual. De hecho, el cristiano, al leer, meditar esas verdades contenidas de modo original, fontal, en la Escritura, avanza siempre más, hacia lo hondo del misterio de la fe, con un mayor aprecio y una vivencia renovada del don de Dios.

Este objetivo, crecer espiritualmente en la lectura meditada de la fe, se encuentra bien presente en el libro. En primer lugar se despliega una exposición de los principales testimonios de la Biblia cristiana acerca de Dios creador, para después, en un segundo momento, pasar a la profundización: una mínima explicación de los textos, a la luz de la Tradición cristiana, de modo que sea fácil una lectura uniforme y sistemática de la imagen cristiana del Dios de la Creación.

El texto se apoya en la tradición cristiana de los grandes autores espirituales. Sin perder de vista el Magisterio, especialmente en el último Catecismo de la Iglesia Católica, se despliega la doctrina de la Creación. Con otras palabras, en esta obra se pretende avanzar en el conocimiento de lo que repetimos cada domingo al comienzo de la profesión de fe: «creo en Dios Padre Todopoderoso, Creador del cielo y de la tierra», teniendo bien en cuenta el conjunto de la Tradición y del Magisterio.

En cuanto al contenido del libro, el resumen no es difícil; en primer lugar, se aborda la cuestión teológica de qué se quiere decir con la palabra «crear» cuando se refiere a Dios. Es preciso definir bien esta noción teológica antes de intentar comprender en su justa medida otras verdades relacionadas: Alianza, elección, promesa, don... De todo esto se ocupan los siguientes capítulos, especialmente el segundo, cuando trata de la estrecha relación entre la Creación y el resto de la Historia de la Salvación. A partir de ahí el libro desarrolla los temas fundamentales de la teología de la Creación, siguiendo el orden lógico de la Escritura: el fin espiritual de la Creación, la Creación y elevación de las criaturas espirituales, la rebeldía del hombre ante los planes divinos, el mal en el mundo, etc.

No nos queda más que agradecer las palabras de consejo y aliento recibidas de cuantos han revisado estas páginas antes de la publicación. Deseamos, con la ayuda del Espíritu, que este pequeño libro contribuya a un mejor conocimiento del misterio de la Creación divina, a través del cual los hombres se sienten convocados, en la gran variedad de las tradiciones culturales de la tierra, a una relación personal con este Dios que desde toda la eternidad ha querido otorgarnos el don de la existencia.

Capítulo I

EN UN PRINCIPIO, DIOS CREÓ EL CIELO Y LA TIERRA

La primera verdad que se nos revela en la Escritura acerca del misterio de Dios, es que *«Elohim»*[1] —expresión hebrea que significa Dios— creó todas las cosas en el origen. Es el primer verso del primer libro de la Biblia. Más exactamente, si acudimos al comienzo del relato del Génesis, nos encontramos con una afirmación de fe rotunda en la acción primera de Dios:

En el principio creó Dios el cielo y la tierra.

Gn 1, 1.

Se trata de la primera verdad de fe para cualquier creyente, no sólo cristiano, sino también judío o musulmán. Los cristianos hemos recibido esta confesión dentro del cuerpo doctrinal de la Biblia, como sucede también para los judíos creyentes, mientras que en el caso de los musulmanes se encuentra reco-

---

[1] Con esta palabra se designa a Dios en muchos pasajes de la Biblia hebrea. Es el plural mayestático de la palabra semítica «El», que también significa Dios, aunque de un modo más general. «El» es el término genérico con el que se habla de Dios en todas las tradiciones semitas, y por tanto es válido para muchas tradiciones religiosas. El autor inspirado lo ha querido declinar en plural para realzar la grandeza y trascendencia divinas.

gida en innumerables lugares del Corán. Es por tanto una de las muchas verdades acerca de Dios que unen entre sí a estas tres religiones monoteístas. Dios es el Creador.

Desde el punto de vista doctrinal, decir que «Dios creó el cielo y la tierra» es afirmar, como veníamos comentando, una verdad de fe. En cuanto tal, se recibe en un clima de confianza en Dios, dentro de un conjunto de otras muchas verdades de esta misma naturaleza, como son todas las contenidas en los libros sagrados y en los símbolos de fe de la Iglesia. Son de fe por un doble motivo; en primer lugar, porque es preciso asentir con el entendimiento y con la voluntad a la verdad que formulan, y en segundo lugar, porque se refieren directamente a Dios mismo, tienen a Dios por referente principal. Son verdades sobre Dios y nos expresan una parte de la realidad de Dios.

Sin embargo la verdad de la Creación es una verdad especial dentro del conjunto de las verdades de fe, porque es la primera de todas en el orden de la comprensión del misterio de Dios. De forma muy significativa, encontramos que en la Biblia la Creación viene relatada a partir del primer versículo, de modo que cualquier otra verdad de fe, sobre la que se nos hable posteriormente, ha de apoyarse, en el orden natural del entendimiento, sobre esta primera y fundamental. En efecto, para la Palabra divina, que se recoge en los textos sagrados cristianos y judíos, caracterizar a Dios como el Creador de todo el universo es claramente el primer destello de luz acerca de su realidad trascendente[2].

---

[2] En los textos dogmáticos cristianos, esta verdad se recoge también en el primer puesto. Recordando las palabras de los símbolos de fe, enseguida viene a la memoria la confesión en Dios Padre, todopoderoso, «Creador del cielo y de la tierra», que es un trasunto exacto de la expresión del Génesis. En cuanto a los textos judíos, aunque no disponen de una síntesis tan reducida como la de los símbolos cristianos, es igualmente significativo leer expresiones parecidas a las del Génesis a lo largo y ancho del Talmud. Otro tanto cabría decir de las referencias a la Creación en el Corán.

Por otro lado, la Creación es una verdad que, a diferencia de las humanas, no se presenta como una explicación derivada de otras verdades naturales, ni como un principio necesario del conocimiento humano, sino como una verdad primera en el contexto de una tradición religiosa determinada, aunque en sí misma considerada, desde el punto de vista de su relación con la capacidad humana de conocer, sea una verdad que pertenece al ámbito natural del hombre, ya que como prueba Santo Tomás de Aquino en varios lugares de su obra[3], el hecho de la Creación del mundo se puede demostrar con certeza toda vez que anteriormente se ha probado, por las conocidas «cinco vías» tomistas[4], la existencia de Dios: la verdad de la Creación del mundo es, por tanto, una verdad natural, al alcance de la razón humana, de la que el Espíritu de Dios, inspirando las Escrituras, ha querido dejar constancia de su importancia, es decir, nos la ha revelado, de modo que todos los creyentes reconozcan el poder creador de Dios, su omnipotencia, su bondad y su sabiduría, al contemplar las fabulosas obras de la realidad creada. Veremos con detenimiento el alcance espiritual y moral de esta primera verdad: Dios es el Creador de los cielos y la tierra.

Las palabras del Génesis

Gracias al dato de la Escritura sabemos, por lo tanto, sin necesidad de un conocimiento especialmente profundo, que Dios ha sido el Creador del Universo. De este modo, estamos reco-

---

[3] Cfr. SANTO TOMÁS, *Summa Theologiae*, I, qq. 10ss; *Contra gentes* 6, 15-38; De Potentia q. 3, 1-19; q. 4, 1-2.

[4] Santo Tomás en la *Summa Theologiae* recoge y sintetiza el pensamiento metafísico anterior que había servido para alcanzar la demostración de la existencia de Dios, a la vez que añade sus propias ideas filosóficas. El resultado son las cinco vías de la demostración de la existencia de Dios, aunque en otros lugares de su obra, como la Suma contra los Gentiles, por ejemplo, las presente de forma diferente.

nociendo que a Él se debe que todas las cosas sean, o dicho con otras palabras, que hayan venido a la existencia.

En efecto, para comprender bien esta afirmación, basta con pensar que ninguna de las realidades creadas tiene en sí misma la razón de ser, ninguna se basta a sí misma hasta el punto de proporcionarse la existencia, de modo que la relación con Dios de todas las cosas, sean terrestres o celestiales, como dice el texto del Génesis aludiendo a las materiales o a las espirituales, es de dependencia radical y absoluta. Sin Dios, sin la voluntad divina que las quiere en la existencia, no podrían haber sido. Este es el primer dato que la Biblia nos enseña al hablar de Dios.

Pero además, pasando a un segundo momento en la comprensión de esta verdad, la Creación, según el texto del Génesis, es un «designio voluntario» de Dios, y no como expresaban otras tradiciones religiosas o de pensamiento, para las que la Creación es un modo de emanación divina, o una realidad prolongada de la vida de Dios, con la consiguiente dificultad para entender la trascendencia de Dios respecto de sus criaturas. Dios, según el Génesis, ha querido que las cosas sean, las ha llamado a la existencia, porque ha querido darles el ser, el existir, y por eso han venido a ser, por un designio amoroso, que se manifiesta en primer lugar trayéndolas a la existencia.

De forma más teológica, podemos decir con la tradición de la Iglesia, que en este dato no hace más que seguir a la Escritura[5], la Creación por parte de Dios es una *creatio ex nihilo*, Creación a partir de la nada, fórmula que sirve para subrayar que Dios, en el momento de crear, no ha contado

---

[5] La cita más explícita que encontramos en el Antiguo Testamento, así lo ha entendido muchas veces el Magisterio y recientemente en el n. 296 del CCE, es la frase de la madre de los macabeos: Yo no sé cómo aparecisteis en mis entrañas... Pues así el Creador del mundo,... a partir de la nada lo hizo Dios y que también el género humano ha llegado así a la existencia (2 Mac 7,22-23.28).

con una materia prima preexistente al modo de los griegos y de tantas otras tradiciones mitológicas, sino que ha obrado la Creación desde sí mismo exclusivamente, desde su Voluntad omnipotente.

Los Concilios de Letrán y Vaticano I recuerdan esta doctrina, y el actual Catecismo de la Iglesia católica también se hace eco de la enseñanza tradicional, en el número 296 y siguientes[6]:

> Dios crea «de la nada». Creemos que Dios no necesita nada preexistente ni ninguna ayuda para crear. La Creación tampoco es una emanación necesaria de la substancia divina (cfr. Concilio Vaticano I). Dios crea libremente «de la nada».
>
> Catecismo de la Iglesia Católica, n. 296.

El origen temporal de la Creación

Recordemos de nuevo el primer verso de las Escrituras Sagradas. «Al comienzo Dios creó los cielos y la tierra». Si nos fijamos en la circunstancia que acompaña a la Creación, nos damos cuenta de que el autor inspirado está hablando de un momento inicial, que es completamente singular. Es el principio temporal de la realidad física del Universo, pero a la vez es un comienzo que escapa al sentido físico del tiempo, del transcurrir de los fenómenos físicos, como también escapa incluso a la dimensión espacial del Universo. Es un origen sobre todo trascendente: que trasciende la realidad material, ya que se en-

---

[6] El Catecismo nos remite a un bello pasaje de San Teófilo de Antioquía, un padre de la Iglesia que recoge esta misma idea sobre la Creación desde lo inexistente: «¿Qué tendría de extraordinario si Dios hubiera sacado el mundo de una materia preexistente? Un artífice humano, cuando se le da un material, hace de él todo lo que quiere. Mientras que el poder de Dios se muestra precisamente cuando parte de la nada para hacer todo lo que quiere».

cuentra en la voluntad y el poder de Dios, en el designio por el que Dios prevé que las cosas sean y cómo van a ser[7].

No es fácil hacerse idea, en un mundo que sólo valora lo tangible y mensurable, de lo que estamos diciendo sobre este comienzo de lo real. Es preciso comprender que, a través de la Biblia, Dios nos habla sobre Él mismo, antes que sobre la realidad del mundo. El Génesis, más concretamente, no quiere atender a ningún tipo de hipótesis física, al estilo del llamado «Big Bang», la teoría de la explosión inicial por la que el Universo se expande inicialmente desde un punto inicial y singular, u otras parecidas que se han dado en la historia de la Física, o las que pudieran venir posteriormente con el transcurso de los avances científicos. El plano de reflexión del libro sagrado es anterior a cualquier doctrina física y, aunque bajo la letra de la Biblia hay un modelo de Universo subyacente que corresponde a la época en que fue redactado, el interés del texto se dirige al horizonte de la voluntad de Dios.

El Génesis, como el resto de la Escritura santa, habla de Dios, de la realidad de Dios que se muestra al hombre, naturalmente en la medida en que es inteligible para la capacidad del hombre; por eso, este comienzo del Génesis nos relata una realidad de la que no pueden hablar las ciencias humanas, en este caso la Física del Universo, ya que se remonta nada menos que al escenario de las decisiones divinas, que está fuera del ser natural de las cosas. Se escapa entonces a la capacidad de comprobación científica de las realidades de este mundo. El Génesis, en este primer verso, apunta a una decisión trascendente de la Trinidad, cuando Dios mismo tiene a bien constituir seres finitos en la existencia, de modo que, por fugaz que sea su paso,

---

[7] Dios crea dando el ser a las criaturas, pero además crea conservando en el ser, manteniendo la Creación como inicialmente ha querido que las cosas sean. Aquí se incluyen las formas peculiares de evolución de todos los seres creados a lo largo de las eras del Cosmos.

pueden decir que «son», como su Creador, que «es» también aunque de un modo incomparablemente superior.

Por lo tanto, hablar del origen del Universo es una forma de intentar averiguar cómo ha sido la evolución de las cosas que existen desde un comienzo temporal, mientras que decir, como sucede en el primer versículo del Génesis, que «al principio» Dios creó los cielos y la tierra, es saltar de golpe a un plano trascendente, en que deja de interesarnos por un momento su desarrollo, para adentrarnos en el designio divino por el cual las cosas existen, existieron o vendrán a ser. Se trata de una verdad de fe, pues que «el mundo no haya existido desde siempre» es una «verdad de fe», indemostrable para la razón humana[8] sin la ayuda de la Revelación divina. Efectivamente, el Magisterio de la Iglesia ha recordado el carácter sobrenatural de esta verdad en varias ocasiones: Letrán IV, Vaticano I, etc., y también el Catecismo de la Iglesia Católica, de una forma más reciente, se refiere con claridad a este origen trascendente del mundo, que se apoya en el conocimiento humano natural pero que llega mucho más lejos gracias a la luz de la fe:

> Más allá del conocimiento natural que todo hombre puede tener del Creador (cfr. Hch 17,24-29; Rom 1,19-20), Dios reveló progresivamente a Israel el misterio de la Creación.
>
> Catecismo de la Iglesia Católica, n. 287.

La dependencia total de las criaturas respecto a su Creador

Sentado el sentido y origen de la expresión «al principio Dios creó…», podemos avanzar en las consecuencias que se derivan de la Creación. En primer lugar, es preciso reconocer que dentro de

---

[8] Santo Tomás recuerda esta idea para salir al paso de la interpretación aristotélica de la infinitud temporal del mundo: *Suma de Teología*, I, q. 46, 2.

la noción de Creador se encuentra la idea de independencia soberana de Dios respecto a lo creado. Es otra de las afirmaciones primeras que pueden desprenderse de las palabras del Génesis.

Para la Biblia, en efecto, Dios no depende de nada ni nadie para crear, a diferencia por ejemplo de lo que sucede en la filosofía griega, que postula un demiúrgo, una materia preexistente, unas ideas arquetípicas, etc.[9].

En cambio, si seguimos leyendo el Pentateuco, encontramos que se profundiza en la trascendencia de Dios respecto de las criaturas. Efectivamente, en el Éxodo, Dios se revela a Sí mismo de una forma que no admite comparación posible con las cosas creadas. Recordemos por un momento el diálogo que se establece entre Moisés y Yahvé en el momento de la teofanía del Sinaí:

> Moisés replicó:
>
> —Cuando me acerque a los hijos de Israel y les diga: «El Dios de vuestros padres me envía a vosotros», y me pregunten cuál es su nombre, ¿qué he de decirles?
>
> Y le dijo Dios a Moisés:
>
> —Yo soy el que soy.
>
> Ex 3, 13-4.

El texto recoge la revelación por parte de Dios del nombre divino: «Yahvé», «el que es», el nombre propio de Dios, pues mientras que, hablando con propiedad, las cosas no «son» ya que necesitan de forma imperiosa que alguien sea el origen de su ser, de su existir, en el caso de Dios estamos ante quien no necesita de nada para ser: verdaderamente «es», porque no debe su ser a ningún otro, como ocurre con todas las criaturas.

---

[9] Es muy conocida la exposición de Platón en el *Timeo*, donde aparece una de las explicaciones filosóficas más famosas de la Creación en el sentido griego del término.

En el tema de la Creación esta verdad sobre las cosas es muy importante, pues sitúa inmediatamente la diferencia radical entre Dios y lo creado. Por un lado está Dios, que posee la plenitud del ser y del existir y, en virtud de ello, puede ser Creador de las criaturas, y por otro lado, todo lo demás, siempre marcado por la contingencia en el ser, completamente a expensas de una causa anterior que sea el origen de su ser.

Al hablar de un Dios Creador, la fe está aludiendo a la diferencia fundamental entre el Origen de las criaturas y las criaturas en sí mismas consideradas. En otras palabras, entre el que Es verdaderamente, y los que son porque han recibido de forma contingente la capacidad de ser, hay una diferencia abismal, que se encuentra implícita en los primeros versículos del Génesis. Allí, efectivamente, se repite a cada paso una fórmula característica de la trascendencia divina en la Creación.

Dijo Dios:

—Haya luz.

Y hubo luz.

Gn 1, 3-4.

La fórmula se repite a cada paso; Dios expresa su voluntad y las cosas vienen al ser. En definitiva, Dios crea por su Palabra.

De esta manera, la Biblia nos está advirtiendo de la distancia entre los dos órdenes, entre Dios y las criaturas, sólo unidos por el nexo de la expresión de la Voluntad de Dios. Si las cosas existen, nos dice el Génesis, es porque Dios ha manifestado su voluntad de que sean, pues Dios, como ya sabemos, no necesita de ninguna materia prima para su Creación. En efecto, el Dios de la Antigua Alianza, es un Dios todopoderoso, omnipotente hasta el extremo, difícilmente imaginable para nosotros, de crear sin apoyo físico de ningún tipo. Sólo con su palabra,

Yahvé es capaz de poner todo lo que existe, existió, o existirá, en la realidad.

> Creemos, dice el Catecismo, que todo procede de la voluntad libre de Dios que ha querido hacer participar a las criaturas de su ser, de su sabiduría y de su bondad: «Porque tú has creado todas las cosas; por tu voluntad lo que no existía fue creado» (Ap 4,11).
>
> Catecismo de la Iglesia Católica, n. 295.

A través de la Palabra, que es la manifestación de su voluntad, Dios trae todo a la existencia. Ciertamente, Dios, siendo el único ser autosuficiente, no tendría necesidad de darse a conocer, ni dar a participar de la existencia a ninguna de las criaturas; pero, movido por su infinita generosidad y benevolencia, decide comunicarse a quien no puede exigírselo. Este primer movimiento de condescendencia con las criaturas, que es la acción de crear, es una manifestación de la realidad de Dios, más concretamente, de su Voluntad omnipotente. Vemos en la Creación, guiados por la Revelación, a un Dios que no se queda en sí mismo encerrado, sino que quiere compartir la riqueza de su ser dando el ser a una infinidad de seres que reflejan su poder y su gloria.

Capítulo II

LA LECTURA CRISTIANA DE LA CREACIÓN

La explicación bíblica de la Creación que hemos recorrido en nuestro primer capítulo, se integra y se amplía con las enseñanzas de los misterios de Cristo. La Tradición cristiana nos enseña, tomando pie en la Escritura, que Cristo es la plenitud de la manifestación de Dios al mundo, porque, como recuerda el comienzo de la «Carta a los Hebreos», si bien Dios desde el comienzo de la historia ha hablado a los hombres de muchos modos, ahora, con la Encarnación del Verbo divino y la venida de su Espíritu, Dios nos habla con su Palabra personal, que es su mismo Hijo.

La Creación en el horizonte
de la Historia de la Salvación

Con la Encarnación del Verbo divino, los datos del Antiguo Testamento no son suprimidos, sino recolocados en un nuevo horizonte que permite entender con mayor profundidad las acciones divinas desde el origen del mundo. Todas las obras de Dios guardan una relación interna muy profunda, que el creyente gracias a la consideración de la Palabra de Dios puede conocer cada vez más y así unirse a la Voluntad de Dios en la historia de la humanidad.

Ya vimos en el anterior capítulo que Dios, después del primer pacto con las criaturas, cuando las rescata del diluvio universal, les promete, especialmente al hombre que es su interlocutor dentro del mundo, una realización de todos sus deseos más íntimos: la paz, la alegría, el crecimiento, una tierra. Todas estas promesas no se hacen realidad hasta la llegada del Salvador, del Mesías esperado. Por eso, la Iglesia, continuadora de la obra salvífica del Señor, pretende acercar de forma incansable todas las realidades terrenas al misterio redentor de Cristo. Porque sólo en Él alcanzarán la meta definitiva de su existencia.

El Catecismo nos explica esta estrecha relación entre la Creación y los demás misterios de la Revelación divina[10]:

> El que eligió a los patriarcas, el que hizo salir a Israel de Egipto y que, al escoger a Israel, lo creó y formó[11], se revela como aquel a quien pertenecen todos los pueblos de la tierra y la tierra entera, como el único Dios que «hizo el cielo y la tierra»[12].
>
> Catecismo de la Iglesia Católica, n. 287.

Así, la revelación de Dios en la obra de la Creación es inseparable de la Revelación y de la realización de la Alianza del Dios único con su Pueblo. La Creación es revelada como el primer paso hacia esta Alianza, como el primero y universal testimonio del amor todopoderoso de Dios[13]. Por eso, la verdad de la Creación se expresa con un vigor creciente en el mensaje de los Profetas[14], en la oración de los Salmos y de la Liturgia[15], en la reflexión de la Sabiduría del Pueblo elegido[16].

---

[10] N. 287ss. Toda esta parte del catecismo viene dedicada a resaltar los nexos que unen Creación y redención.
[11] Cfr. *Is 43,1*
[12] Cfr. *Sal* 115,15;124,8;134,3.
[13] Cfr. *Gn* 15,5; *Jr* 33,19-26.
[14] Cfr. *Is* 44,24.
[15] Cfr. *Salmo* 104
[16] Cfr. *Proverbios* 8,22-31.

La Creación en la predicación apostólica

Debido a esta estrecha relación entre la Creación y las demás obras de Dios, singularmente la Encarnación, la Iglesia desde los comienzos ha presentado en su predicación del Evangelio la Buena nueva de la venida del Redentor sin dejar a un lado la doctrina de la Creación.

El libro de los «Hechos de los Apóstoles», por ejemplo, nos recuerda cómo en la predicación de los primeros cristianos se presentan de forma pareja las verdades de la salvación y la Creación.

Nos lo relata en el capítulo cuarto. Después de haber sido liberados de la cárcel a la que habían sido condenados por predicar a Cristo, los apóstoles Pedro y Juan, según se lee en este pasaje del libro de los Hechos, volvieron a donde estaban los suyos, es decir, una de las primeras comunidades de creyentes, y les explicaron la prohibición impuesta por los sumos sacerdotes de no evangelizar, a lo cual respondieron todos entonando esta oración dirigida a Dios:

> Señor, Tú eres el que hiciste el cielo y la tierra, el mar y todo lo que hay en ellos, el que por el Espíritu Santo, por boca de nuestro padre David, tu siervo, dijiste: «¿Por qué se han amotinado las naciones,...» Pues bien, en esta ciudad, Herodes y Poncio Pilato, con las naciones y con los pueblos de Israel, se aliaron contra tu santo Hijo Jesús, al que ungiste, para llevar a cabo cuanto tu mano y tu designio habían previsto que ocurriera. Ahora, Señor, mira sus amenazas y concede a tus servidores que puedan proclamar tu palabra con libertad...
>
> Hch 4, 24-9.

Algo parecido encontramos en el mismo libro de los Hechos, cuando se nos narra la predicación de S. Pablo en el Areópago. El Apóstol debía esperar a sus compañeros de misión, y lleno del celo apostólico con que el Espíritu le empujaba a predicar, se lanza ante la muchedumbre congregada en este lugar céntrico de la Atenas de entonces, para hablarles del Evangelio. Como en el ejemplo anterior, sus palabras reflejan bien la unidad entre el misterio salvador de Cristo y la voluntad inicial de Dios al crear todas las cosas:

> Entonces Pablo, de pie en medio del Areópago, habló:
> —Atenienses, en todo veo que sois más religiosos que nadie, porque al pasar y contemplar vuestros monumentos sagrados he encontrado también en el que estaba escrito: «Al dios desconocido». Pues bien, yo vengo a anunciaros lo que veneráis sin conocer. El Dios que hizo el mundo y todo lo que hay en él, que es Señor del cielo y de la tierra, no habita en templos fabricados por hombres... Él hizo de un solo hombre, todo el linaje humano, para que habitase toda la faz de la tierra,...

Hch 17, 22-26.

De las palabras de S. Pablo se deduce la claridad con que los primeros cristianos unen en su manera de entender el misterio de Dios, la Creación y las demás actuaciones de la Trinidad en la historia. Para ellos, hablar de Dios, predicar al Dios de Jesucristo, va inmediatamente unido al pensamiento de la Creación divina, porque sin esta realidad primera y capital no tiene sentido nada de lo que Dios ha obrado posteriormente.

La Creación, obra de la Trinidad

Con mayor profundidad todavía, S. Pablo intenta unir la preexistencia eterna de Jesucristo con el plan divino de crear y traer los seres a la existencia. Son las conocidas ideas en torno a la imagen divina del Hijo, verdades que para el Apóstol son clave por su honda relación con el misterio de Dios, gracias a las cuales podemos vislumbrar la profundidad del misterio de la Creación del hombre:

> Bendito sea el Dios y Padre de nuestro Señor Jesucristo, que nos ha bendecido en Cristo con toda bendición espiritual en los cielos, ya que en él nos eligió antes de la Creación del mundo para que fuéramos santos sin mancha en su presencia por el amor.
>
> Ef 1, 3-4.

En efecto, como en otras cartas, por ejemplo «a los Romanos» o «a los Colosenses», San Pablo comienza con un himno de bendición y de alabanza, tomado de un contexto litúrgico familiar a los destinatarios de la carta —podría ser una celebración eucarística—, para recordarles el sentido trascendente de su vocación como cristianos. Están llamados, viene a recordarles, desde toda la eternidad, a vivir como hijos de Dios, a ser de verdad santos, como es Cristo, su modelo. Pero todo este proyecto, según explica el Apóstol, se encontraba ya presente en el momento de la Creación, cuando Dios dispone las cosas en previsión de lo que acaecerá en un futuro. Desde su origen todo está organizado en función del amor de Dios, que es la causa de todo lo que existe, y por eso el hombre descubre en su constitución original una llamada a ser en Dios: es la vocación religiosa del hombre que se concretará posteriormente, con las sucesivas llamadas a Israel, en una vocación a la comunión con Dios en Jesucristo.

La tarea del Espíritu en la Creación

En los textos neotestamentarios, junto con el relieve de la figura del Señor Jesús, encontramos el papel singular del Espíritu, sin el cual tampoco se puede llevar a cabo esta meta de la unión plena con Dios Padre, que ha sido proyectada desde el comienzo de la Creación.

Como solían decir los autores espirituales de los primeros siglos de la Iglesia, en la obra de la Creación las personas divinas intervienen según su ser personal característico, aun cuando hemos de tener presente que por tratarse de una obra «ad extra», es decir «hacia el exterior» de Dios, actúa toda la Trinidad como una unidad de esencia[17]: con todo su poder, con toda su ciencia, con todo su amor. Pero también es posible, al abordar las obras de Dios, intentar descubrir las huellas de la Trinidad. Como decía S. Ireneo de Lyon, uno de los primeros grandes autores de la Edad antigua, el Espíritu de Dios, de una parte, y el Hijo eterno, de otra, son «las manos» con que Dios, el alfarero divino, ha ido modelando todo lo creado.

El Catecismo lo explica con estas palabras[18]:

> La acción creadora del Hijo y del Espíritu, insinuada en el Antiguo Testamento[19], revelada en la Nueva Alianza, inseparablemente una con la del Padre, es claramente afirmada por la regla de fe de la Iglesia: «Sólo existe un Dios...: es el Padre, es Dios, es el Creador, es el Autor, es el Ordenador. Ha hecho todas las cosas por sí mismo, es decir, por su Verbo y por su Sabiduría»[20], «por el Hijo y el Espíritu», que son como «sus manos»[21].
>
> Catecismo de la Iglesia Católica, n. 290.

Por consiguiente, nuestra mirada sobre el origen de la Creación se ha enriquecido a partir de la revelación trinitaria. La

---

[17] Nos dice el Catecismo: «La Creación es la obra común de la Santísima Trinidad».

[18] El Catecismo dedica un epígrafe entero a este tema de las relaciones trinitarias de la Creación. Puede verse en los números 290 y siguientes.

[19] Cfr. Sal 33, 6; 104, 30; Gn 1, 2-3.

[20] S. Ireneo, *Adversus haereses*, 2, 30, 9

[21] *Ibid.*, 4, 20, 1.

Creación divina, tal como la encontramos en los textos de la Escritura, parece atribuirse de un modo particular a Dios Padre, que es el comienzo de toda la realidad, aunque de un modo apropiado, es decir, por especial sintonía con el ser personal de cada uno, toda la Trinidad está presente en la obra de la Creación. En la Creación están presentes el Hijo y el Espíritu, aportando su marca personal a la acción común de crear.

Ya San Pablo advertía a los colosenses acerca del especial papel que desempeña el Hijo en la historia de la Creación. Recogiendo alguno de los himnos de la liturgia cristiana, explica[22]:

> En Él (Cristo) fueron creadas todas las cosas,
> en los cielos y en la tierra...
> todo fue creado por él y para él,
> él existe con anterioridad a todo
> y todo tiene en él su consistencia.
>
> Col 1, 16-17.

Otro tanto se nos dice —no supondría un gran esfuerzo dar con textos parecidos—, respecto del Espíritu. También el Espíritu desempeña un papel principal en la obra de la Creación, aunque su tarea más propia, de acuerdo con el Nuevo Testamento, es la de Santificador, pues le corresponde santificar las almas de quienes se hacen aptos para su labor.

Pero la etapa de santificación, que es una configuración con el Hijo, viene de la mano de la tarea inicial de crear al ser humano con esta predisposición a lo sobrenatural. Como explicaban los Padres orientales, cuando el Génesis nos habla de que el hombre ha sido creado a imagen y semejanza de Dios (Gn 1, 27), se está refiriendo fundamentalmente a la llamada a la santidad que tiene todo hombre desde el mismo momento de la Crea-

---

[22] Cfr. CCE, 252.

ción. Ésa es la imagen divina que ha quedado impresa en el ser humano desde el inicio y que no se puede borrar con el pecado. Su semejanza será el momento en que la imagen que está clamando por una plenitud, se realice acabadamente por la acción del Espíritu santo en las almas y la correspondencia progresiva de éstas en la tarea de la santificación[23].

La tradición cristiana así lo ha entendido cuando ha incluido claras referencias a la peculiaridad del Espíritu dentro del plan general de la Creación y salvación del mundo. Consideremos, por ejemplo, las palabras del Símbolo de Nicea-Constantinopla, que afirman la presencia creadora del Espíritu, no sólo en los orígenes, sino de forma permanente:

> Creo en el Espíritu Santo,
> que es Señor y Dador de vida, ...
>
> Símbolo Niceno-constantinopolitano[24].

O como también se dice en el himno «Veni Creator», bello canto de la Liturgia de las Horas dedicado a la fiesta del Espíritu Santo[25],

> ¡Ven, oh Espíritu, Creador!
>
> Himno de Pentecostés
> en la «*Liturgia de las Horas*».

---

[23] Ya en Clemente de Alejandría, en su obra el Pedagogo, se encuentra una reflexión sobre la imagen y semejanza divinas en términos de capacidad y progreso espiritual. Orígenes prolonga esta línea que será clásica en todo el Oriente cristiano (cfr. GREGORIO DE NISA, *Vida de Moisés*, editorial Ciudad Nueva, con la introducción del profesor Mateo-Seco, que destaca los rasgos de esta doctrina de la gracia).

[24] Cfr. D 54.

[25] Himno litúrgico «Veni Creator».

En este caso el reconocimiento de su actividad creadora se declara de una forma más explícita, llegando a llamarse al Espíritu con el epíteto de Creador, porque efectivamente su tarea es crear en los corazones de todos los hombres y mujeres de la tierra la imagen sobrenatural de su ser hijos de Dios: no nos apartamos de la verdad considerando todos los frutos de verdad, paz, alegría, paciencia, etc., que realiza el Espíritu en las almas de los justos.

> y visita las almas de tus fieles,
>
> 1.ª estrofa del himno «Veni Creator».

Reconocemos que el Espíritu es Creador, porque está presente en la obra de la Creación, y porque, con la mirada puesta en la renovación de todas las cosas, proporciona el origen de todos los bienes materiales y, sobre todo, espirituales.

Los cristianos del Oriente, que tradicionalmente han tenido una gran devoción al Espíritu Santo porque a Él se debe la tarea de nuestra santificación, bien lo conocen a través de textos litúrgicos muy característicos. Como se reza en la liturgia bizantina del día de Pentecostés, fiesta litúrgica por excelencia del Espíritu Santo, todos los bienes naturales y sobrenaturales provienen del Espíritu como de su misma fuente original:

> Oh, Espíritu Santo, Tú,
> que eres la Fuente de todo bien,...
>
> LITURGIA BIZANTINA, Tropario de vísperas de Pentecostés[26].

---

[26] Citado en el Catecismo en los números sobre la Creación que hemos señalado anteriormente.

Capítulo III

EL AMOR DE DIOS, RAZÓN PRIMERA
Y ÚLTIMA DE LA CREACIÓN

Después de hablar de la Creación divina en relación con la Historia de la Salvación, se nos presenta enseguida la cuestión del sentido con que Dios ha querido que las cosas sean creadas, en otras palabras, el fin de la Creación. Porque nada se realiza sin un motivo, sin un sentido. Este principio, que es válido en todas las obras del ser humano, ya que la acción del hombre viene antecedida siempre por unos determinados fines que él conoce y sabe de antemano que son útiles o necesarios para su vida, ¿podríamos aplicarlo del mismo modo a las obras de Dios, y de modo particular a la Creación? En caso afirmativo, ¿cuál sería entonces el sentido que Dios ha pretendido con la Creación?

Dios no tiene ninguna necesidad de crear

En cuanto que abrimos la Escritura para conocer un poco más en detalle las obras de Dios, salta llamativamente a la vista que no sólo la Creación divina, sino todas sus acciones se presentan como consecuencia directa e inmediata de la generosidad y magnificencia de Dios. «¡Oh Dios, qué admirables y grandiosas son tus obras!», canta el salmo recordando la grandeza de Dios en su Creación.

Todas las obras de Dios, en efecto, remiten a la voluntad generosa de su Creador, que no tiene punto de comparación con nada de lo humano. ¡Cuántas veces las obras del hombre se encuentran motivadas por intenciones que están torcidas, incluso las más nobles o valientes!

El fin de la acción puede tornar una idea buena en un acto malo. Según la motivación del agente, el acto adquiere una u otra valencia moral. Por ejemplo, cuando se hace una donación de dinero con el afán de pervertir a quien lo recibe, o cuando se realiza una atención caritativa, pero no por la persona en cuestión sino porque de allí se espera recibir un beneficio personal, el intento de ayudar queda desvirtuado por el fin torcido que mueve al agente. Así, en la vida de los hombres, fines inapropiados dejan sin valor las acciones más valiosas. Jesús lo enseñaba mirando a la rectitud de intención de quien actúa:

> Amontonad en cambio tesoros en el Cielo, donde ni polilla ni herrumbre corroen, y donde los ladrones no socavan ni roban.
>
> Mt 6, 20.

Por la Escritura sabemos que Dios, en cambio, persigue siempre el bien en todas sus obras. Más aún, se puede decir, en rigor, que todo bien proviene de las obras del Señor porque, al ser Creador, todo proviene de Él, y Él no puede actuar más que conforme al Bien que es su Ser y su Vida.

Dios obra movido por el Bien que es Él mismo, y lo hace además de forma absolutamente generosa, sin ninguna intención torcida ni egoísta. Dios, que no tenía ninguna necesidad de crear, ha querido generosamente dar a conocer su bondad y su magnificencia, pues las obras de Dios vienen marcadas por la característica de la gratuidad y la liberalidad. La Creación es una donación totalmente gratuita de Dios a sus criaturas a las que quiere con un amor de Padre y de Madre sin igual.

Las obras de la Creación manifiestan la absoluta libertad con que Dios mismo las ha querido. Volviendo de nuevo al libro del Génesis, leemos cómo la iniciativa divina es completamente independiente de las condiciones propias del orden creado. Dios no actúa movido por ninguna obligación impuesta por lo creado, ni está sujeto lo más mínimo a las naturalezas creadas, más allá de las limitaciones propias de lo real y racional.

> La tierra era caos y confusión y oscuridad por encima del abismo, y un viento de Dios aleteaba por encima de las aguas.
>
> Dijo Dios:
>
> —Haya luz, y hubo luz.
>
> Gn 1, 2-3.

Con el relato nos trasladamos al momento de la Creación de la luz. La Creación es directa e inmediata. Antes no existía luz, la tierra estaba sumida en la oscuridad, y Dios decide libremente que sea. Con su palabra poderosa, Dios realiza el portento de la Creación. Y la luz viene al mundo. Así de eficaz.

En un principio, cuando nos hablaba la Escritura de Dios que comenzaba a crear, no se hacía referencia a ninguna materia informe sobre la que actuar, como ocurría en las cosmogonías paganas, que siempre hablan de unos principios materiales básicos sobre los que habría actuado la divinidad. El Dios de Israel crea, trae todas las cosas a la existencia sin que necesite ninguna condición inicial. Con total autonomía respecto al mundo, nos explica la Escritura, Dios llama a la existencia, organiza las cosas y las dispone en un orden que conocemos en la realidad física y espiritual que nos rodea. Y nada de lo creado es una condición previa para la acción de Dios, quien decide y actúa, si tenemos en cuenta la forma de expresarse de la Escritura, soberanamente, porque quiere. En este sentido, se puede decir de Dios que es «trascendente», porque no queda limitado por el mundo creado, y «todopoderoso», pues ha realizado cuanto ha querido, sin límite alguno a su poder.

El Magisterio de la Iglesia se ha hecho eco de esta propiedad fundamental de la Creación divina en multitud de ocasiones. Nos sirve de ejemplo el Concilio Vaticano I, que en un momento histórico todavía no muy lejano a nosotros, al final del siglo XIX, quiso salir al paso de una posible interpretación racionalista de la Creación por parte de algunos filósofos, explicando la autoridad y la decisión absolutamente libérrima de Dios al crear:

> En su bondad y por su fuerza todopoderosa, no para aumentar su bienaventuranza, ni para adquirir su perfección, sino para manifestarla por los bienes que otorga a sus criaturas, el solo verdadero Dios, en su libérrimo designio, en el comienzo del tiempo, creó de la nada a la vez una y otra criatura, la espiritual y la corporal.
>
> CONCILIO VATICANO I, Constitución dogmática *Dei Filius*[27].

El texto conciliar nos permite reconocer la realidad gratuita y generosa de la Creación. Dios no necesita de la Creación, porque no ha tenido lugar para acrecentar su bondad o su perfección, que son infinitas. Tampoco es una manera de completar su ser, ya que Dios, como venimos repitiendo, no está en modo alguno condicionado por nada de lo creado. Es una razón de pura liberalidad, por la que Dios quiere que exista el mundo. Al querer de ese modo lo creado, Dios manifiesta su bondad y su grandeza, el libérrimo designio, como se expresaba el concilio, por el que ha querido que las criaturas participen de la existencia con Él.

La acción de crear, como todas las demás que provienen de Dios, mira al bien de la criatura, y especialmente al bien de los hombres, que poseemos el don de la inteligencia por el que se

---

[27] D 3002.

nos hace más patente esta realidad: la Creación parte de la libertad de Dios y viene a nosotros, que podemos apreciarlo y alegrarnos con este don primero de la Bondad de Dios, pues Dios ha querido las cosas por el amor que es Él mismo, que se difunde fuera de él hacia todos los seres.

Dios crea, exclusivamente, por amor

Una de las definiciones más sencillas, y a la vez más profundas, del ser de Dios son unas palabras de la primera carta de San Juan, que seguramente recordamos[28]:

> Dios es amor, y el que permanece en el amor, permanece en Dios y Dios en él.
>
> 1 Jn 4, 1.

Son palabras bien conocidas de la Escritura, sobre las que habremos meditado en ocasiones. Ahora las situamos cerca de la doctrina sobre la Creación.

La libertad de Dios al crear es movida por el amor que hay en Él. O si pensamos en las palabras de San Juan, por el amor que es Él de modo sustancial. En efecto, siendo Dios el Amor, un amor absoluto, es fácil comprender que las acciones de Dios estén marcadas por la lógica del Amor que es la misma esencia divina.

Pero veamos esto todavía un poco más despacio para no perder claridad en la exposición sobre el amor en la Creación.

Todas las obras suelen reflejar la realidad, el ser del que ha realizado esa acción. Pensemos por un momento en las obras humanas y descubramos esta relación nada superficial entre quien

---

[28] San Juan es entre los evangelistas quien de un modo más explícito ha desarrollado la relación de Dios con el amor. Cfr. los capítulos 4 y 5 de esta primera carta.

realiza una acción y el efecto que se deriva de esa obra. El ejemplo de la obra de arte puede sernos de utilidad. Contemplando la «Pietà» del gran maestro Miguel Ángel podemos deducir muchos rasgos que revelan su capacidad artística: su agudeza en los detalles, su sentido de la proporción y de la armonía...

Las obras nos hablan del actor. Es lógico por tanto que la bondad de Dios quede grabada en sus obras. Y ahora podemos proceder a la inversa. Podemos partir del dato revelado de la naturaleza de Dios, todo Amor, Amor en Sí, y buscar sus huellas en la Creación.

La Creación proviene del desbordarse este amor de Dios hacia fuera. Es una fuerza vital y amorosa que se ha hecho realidad física. Pero su relación con el origen no se pierde jamás, ya que sin esta conexión no podría existir. Lo creado se mantiene por el amor de Dios de donde proviene, de este amor que no es un amor solitario sino lleno de donación y entrega. Además, la Creación no es la etapa final de la corriente de amor divino, ya que la historia de la salvación continúa con una sucesión ininterrumpida de acciones de Dios que son otras tantas manifestaciones de este amor por lo creado. Todas ellas son manifestaciones del Amor de Dios Trinidad a las criaturas. La Creación nace del amor de Dios, se encamina a otras manifestaciones de este mismo amor trinitario, y sólo se culminará de modo definitivo cuando exista para siempre dentro de este amor.

Creación, por la gloria y el amor de Dios

En el Catecismo encontramos una buena expresión de cómo la Creación obedece a la ley de la difusión del bien y del amor de Dios hacia las criaturas[29]:

---

[29] CCE 295.

Creemos que Dios creó el mundo según su sabiduría (cfr. Sabiduría 9,9). Este no es producto de una necesidad cualquiera, de un destino ciego o del azar. Creemos que procede de la voluntad libre de Dios que ha querido hacer participar a las criaturas de su ser, de su sabiduría y de su bondad.

Catecismo de la Iglesia Católica, n. 295.

La existencia de los seres nos habla del amor de Dios. El hombre, en efecto, visto desde la perspectiva de la fe, no se encuentra sometido a unas fuerzas ciegas del destino o del azar, sino que se sabe en la realidad del mundo como fruto de una decisión providencial de Dios, que quiere lo mejor para él. La razón de fondo es esta naturaleza amorosa y sapiente de Dios, que al crear no está condicionada por nada. Es la voluntad de Dios quien ha dispuesto que las cosas sean como son por el bien y la verdad de las criaturas.

Siendo un aspecto fundamental de la forma bíblica de comprender la Creación, la Escritura se detiene con gozo y pasión en las ideas de amor y libertad de Dios. Por ejemplo, el relato del comienzo del Génesis, que también dedica un espacio significativo a presentar, con toda la fuerza y la plasticidad de que es capaz, la bondad de la Creación como consecuencia de la bondad trascendente de Dios.

Dijo Dios: Acumúlense las aguas inferiores del firmamento en un solo conjunto, y así pueda verse lo seco; y así fue. Y llamó Dios a lo seco tierra, y al conjunto de las aguas lo llamó mares; y vio Dios que era bueno. Dijo Dios: Produzca la tierra vegetación: hierbas que den semillas, árboles frutales que den fruto de su especie con su semilla dentro sobre la tierra. Y así fue. La tierra produjo vegetación: hierbas que dan semilla, por sus especies, y árboles que dan fruto con la semilla dentro, por sus especies; y vio Dios que todas estas cosas eran buenas. Y atardeció y amaneció: día tercero.

Gn 1, 9-13.

En estos versículos, como es fácil descubrir, se recoge la actuación de Dios en el tercer día de la Creación. Son días tomados, como es evidente, en un sentido metafórico, es decir, basados en nuestra percepción del tiempo, que se trasladan a continuación al movimiento de la acción divina al crear. No son días como los nuestros, sino etapas sucesivas en la acción de Dios.

Dentro del tercer día, como hemos podido leer, tiene lugar la aparición de diferentes especies, en concreto las plantas y las aguas. El escritor bíblico coloca, dentro del mismo día, las aguas por delante de las plantas, porque sabe que las segundas no pueden vivir sin ellas, de modo que queda claro cómo las etapas de la Creación responden al equilibrio y armonía que contemplamos en las realidades naturales.

Pero lo más significativo de este parágrafo es la estrofa que se repite inmediatamente después de cada una de las especies creadas. Si tuviéramos tiempo, fácilmente comprobaríamos que es una frase que se reproduce cada día mientras dura el relato de la Creación. Dios comprueba la bondad de la Creación —dice el texto que «ve que es algo bueno»—, porque han salido como quería, cumpliendo adecuadamente el papel y el orden que Dios en su sabiduría les ha concedido en el todo armónico de lo creado.

Dios ve la bondad de las cosas. Dios, en efecto, se recrea en la hermosura y prestancia de cuanto va existiendo. Todo es bueno. En estos momentos de la Creación no hay sombra del mal, ya que Dios siendo bueno, siendo el origen de todo bien, y queriendo crear por amor, sólo puede obrar el bien. Dios ha hecho todas las cosas sobre la base del bien y con una vocación al bien y al amor, que quiere decir, a desarrollarse y vivir del bien de donde proceden. En el origen todas las cosas son buenas.

> Porque el Dios Todopoderoso... por ser soberanamente bueno, no permitiría jamás que en sus obras existiera algún mal, si El no fuera suficientemente poderoso y bueno para hacer surgir un bien del mismo mal.
>
> S. AGUSTÍN, *Enchiridion*, 11, 3.

Que las obras creadas sean buenas, nos dice mucho de la realidad de Dios, de su Bondad y su Sabiduría, como reconoce la cita de San Agustín[30]. Más adelante abordaremos el complejo problema del mal en toda su hondura. Por el momento ha de bastarnos comprender que está fuera de la intención divina crear nada defectuoso, manchado o marcado por el mal. No hay seres radicalmente malos, originados en el mal desde el principio, por tanto, ya que la misma fuerza del ser que han recibido es una fuerza de bondad. Además, como nos recordaba S. Agustín, esta fuerza de Dios no se manifiesta sólo en haber creado todo para el bien, sino que también se manifiesta de modo especial al reconducir todo el mal al bien originario. Pero esto será un asunto para más adelante en nuestra exposición.

Si en las obras de la Creación estuviera ya presente el mal en alguna de sus múltiples manifestaciones, querría decir que, o bien Dios no es suficientemente poderoso, pues no habría sido capaz de dominar el acto de la Creación, o bien no es suficientemente bueno, al no querer que las criaturas gocen desde el comienzo del bien que en sí anhelan. Dios ha creado con infinita sabiduría y bondad, y en el mundo no ha entrado el mal como una limitación de la acción de Dios, sino como la falta de sintonía con que la criatura actúa fuera de los planes divinos.

Las cosas creadas son buenas y nos hablan de la Bondad infinita de Dios

En la tradición teológica cristiana, al partir de los datos de la Escritura que nos hablan de la bondad de lo creado por Dios,

---

[30] El caso de San Agustín es muy apropiado para la comprensión cristiana del bien de la Creación, pues, como es sabido, antes de su conversión al cristianismo, militó en las filas de los maniqueos, que defienden dos principios de la Creación, uno bueno y otro maligno.

se considera también la bondad misma de Dios. Lo hemos expresado anteriormente: la Creación nos habla de la Libertad y Amor de Dios. ¿Cómo es la relación entre la bondad de la Creación y la Bondad de Dios? Pasar en nuestras explicaciones de «lo creado» a Dios, que es increado, no es empresa sencilla: fácilmente se puede caer en formas de hablar que son más propias de los fenómenos de la tierra que de Dios mismo.

Veamos por eso algunas de las expresiones con que los grandes autores de la historia de la teología han abordado este problema. Sus soluciones expresan muy a las claras el fin con que Dios ha querido las realidades creadas. Se trata del fin que estaba originalmente en la mente de Dios al crear, que preside todos los movimientos de lo creado, y que al final de hará patente en toda la Creación, porque es empeño de Dios que así sea.

Intentando dar con una fórmula sintética que exprese el momento de la Creación divina, nos dice Santo Tomás en una de sus primeras obras[31]:

> Abierta su mano con la llave del amor, surgieron las criaturas.[32]
>
> S. TOMÁS DE AQUINO, prólogo al libro II de las *Sentencias*.

La cita viene a continuación de un párrafo en que el autor quiere glosar la famosa expresión de los filósofos «el bien, de suyo, es difusivo». La Creación, para Santo Tomás, se enmarca efectivamente en el movimiento de amor que se difunde desde Dios. Sale de la mano de Dios, que ha hecho todas las cosas, pero no sin antes haberla abierto bajo la fuerza del amor divino.

---

[31] Este texto de Santo Tomás recoge la gran tradición escolástica y patrística de pensamiento. Por lo que se puede decir que es una expresión propia suya pero que goza también de la fuerza de la tradición teológica medieval.

[32] *In II Sent.*: «al abrir la mano divina por la llave del amor, aparecieron las criaturas».

No es preciso dar muchas vueltas al texto para reconocer el hondo sentido de una expresión en la que no falta el vuelo poético. El autor se eleva por encima de todos los procesos físicos, biológicos, incluso metafísicos, por los que ha podido llevarse a cabo la obra de la Creación. Todo ello está presente y no se le escapa, puesto que el mismo relato del Génesis, como hemos tenido oportunidad de comprobar, no es del todo ajeno a ello. Pero el autor cristiano que quiere saber de los motivos y de las causas de lo que la revelación nos ha enseñado, se pone a la altura de las manos de Dios. ¿Qué puede mover el brazo de Dios para que sin un precedente determinado salgan todas las cosas, todos los bienes de la Creación y comiencen su existencia? Sólo el amor.

También lo reconoce S. Buenaventura, otro de los grandes autores medievales, que explica a su modo, más directo que S. Tomás de Aquino, por qué crea Dios las cosas cuando no tiene necesidad de ellas:

> (Dios ha creado) no para aumentar su gloria, sino para manifestarla y comunicarla.[33]
>
> *Libro de las Sentencias*, l. 2, n. 1.

Dios ha creado para dar a conocer su gloria y su poder. No porque necesitase de algo en absoluto. Sólo porque quiere hacer partícipes a las criaturas del misterio de su ser.

Pero demos un paso más. Hemos llegado a ver la Creación como obra del amor de Dios, que se manifiesta en la aparición instantánea y poderosa de lo concreto y finito. Además, el hombre, que es dentro de la Creación el único ser que puede apreciar su porqué, reconoce que todo está envuelto en la gloria de Dios. Podríamos decir entonces que lo creado, en toda su bon-

---

[33] *Libro de las Sentencias*: «no para aumentar la gloria, sino para manifestarla y comunicarla por su gloria».

dad y grandeza, es el espejo de la «gloria de Dios»: es como un glorioso resplandor de la gloria de Dios, a través del cual los hombres pueden conocer al Dios Creador. Así lo canta muchas veces la literatura sapiencial de la Biblia:

> Porque a todo movimiento supera en movilidad la Sabiduría, todo lo atraviesa y penetra en virtud de su pureza. Es un hálito del poder de Dios, una emanación pura de la gloria del Omnipotente, por lo que nada manchado llega a alcanzarla. Es un reflejo de la luz eterna, un espejo sin mancha de la actividad de Dios, una imagen de su bondad.
>
> Sb 8, 24-8.

Para los cristianos, la Sabiduría divina es una Persona. Es el Hijo Unigénito del Padre, que estaba con Él en la Creación, informando todas las cosas con el don de su Verdad. Por eso la Sabiduría se hace presente en la Creación. Todo existe en Él, se mantiene con su Poder y basta con descubrir el bien y la verdad que hay en todo lo creado para remontarnos al Poder increado de la Palabra.

Sabiduría y Palabra son manifestaciones de Dios al hombre en la luz del Hijo. Gracias a estas manifestaciones, el hombre justo y sabio puede alcanzar la «sabiduría», entendida ahora como reflejo de la Sabiduría de Dios. Porque en el lenguaje de la Escritura, la Sabiduría encarna el orden y la perfección divina, que al estar presente en las obras de la Trinidad, deja la impronta de la verdad en todo. Y, desde estas marcas de la Verdad y el Bien, ascendiendo por la fuerza del Espíritu, el hombre que sigue los caminos de la divinidad, puede llegar hasta un cierto grado conocimiento de Dios, no tan pleno como el revelado, pero sí suficiente como para prepararse a recibirlo.

La Sabiduría, que es gloria de Dios, ha dispuesto las cosas para que redunden en la manifestación de Dios, que está presente en ellas a la vez que no queda limitado por ellas. La Creación, por consiguiente, refleja la gloria de Dios, su voluntad, su grandeza, su belleza, de modo participado o, mejor dicho, a la medida de lo creado, pues los atributos divinos no se reducen a las manifestaciones de lo creado, aunque sí son su fundamento.

> Es una verdad fundamental que la Escritura y la Tradición no cesan de enseñar y de celebrar: «El mundo ha sido creado para la gloria de Dios» (Concilio Vaticano I: DS 3025).
>
> Catecismo de la Iglesia Católica, n. 293.

El punto del Catecismo compendia las ideas que veníamos exponiendo. Desde siglos, a lo largo de toda la tradición, se subraya este fin sobrenatural, extremadamente alto para el hombre, de que todo está movido por la «gloria de Dios». Es ciertamente el fin último de la Creación, su meta definitiva en el proceso que acompaña a su evolución, hasta que, cuando sea el momento adecuado a los ojos de Dios, se manifieste en todo su esplendor y poder. Mientras tanto, toda la Creación, y con ella el hombre, avanza, guiada por la mano amorosa de Dios, en pos de esta meta que cada día que pasa se hace más próxima.

Aunque todas cosas creadas existen en sí mismas con una consistencia que, podríamos denominar, meramente natural, no deja de ser verdad la llamada constante al amor con que han sido pensadas y queridas por Dios. Más aún, según San Pablo, todas las cosas esperan con dolor, fuerte incluso, la manifestación en ellas de la gloria de Dios (Rm 8, 19-22). Con otras palabras, las criaturas, que fueron creadas en el amor y para el amor, sólo alcanzarán el gozo pleno en una existencia y en una vida para la gloria de Dios, «cuando Dios sea todo en todos» (1 Co 15, 28).

Capítulo IV

LA CREACIÓN Y EL CONOCIMIENTO CIENTÍFICO DEL MUNDO

Cuando comparamos el relato de la Creación, tal como se encuentra en la Biblia, con otros textos provenientes de tradiciones religiosas diferentes, descubrimos bastantes elementos comunes. En cierto sentido, el paralelismo es bastante lógico, por la razón de que también estos textos, sin provenir de una tradición judeocristiana, van detrás de una razón espiritual y religiosa del mundo y, más concretamente, del momento inicial de la Creación y de la aparición del hombre sobre la tierra. Por caminos diversos, todos los pueblos saben de la condición religiosa del hombre y de su religación fundamental con Dios desde el comienzo de la historia de la humanidad.

En el fondo debemos reconocer que el problema de los orígenes ha estado siempre presente en la vida de los hombres, sean cuales fueren su cultura y su peculiar momento histórico. Y hoy en día, por extendida que se halle en Occidente la mentalidad secularista, la pregunta por el punto de partida y su significado para el hombre, sigue estando muy vigente. Se trata de una de las mayores oportunidades que encuentra la fe cristiana para darse a conocer, pues como nos recuerda el Catecismo de la Iglesia Católica,

La catequesis sobre la Creación reviste una importancia capital. Se refiere a los fundamentos mismos de la vida humana y cristiana: explicita la respuesta de la fe cristiana a la pregunta básica que los hombres de todos los tiempos se han formulado: «¿De dónde venimos?» «¿A dónde vamos?» «¿Cuál es nuestro origen?» «¿Cuál es nuestro fin?» «¿De dónde viene y a dónde va todo lo que existe?»

Catecismo de la Iglesia Católica, n. 282.

En efecto, como es fácil constatar, también otras culturas y religiones, distintas de la judeocristiana, han buscado dar una razón a este problema acuciante para el hombre, y en su esfuerzo humano, a pesar de no contar con la seguridad y la fuerza de la luz sobrenatural de la Revelación, han sido capaces de entrever, si bien muchas veces rodeados por las sombras de la confusión y el error, verdades importantes para la vida religiosa del hombre.

A su lado, sin embargo, los relatos del Génesis que hemos estudiado en los capítulos precedentes, resultan de una naturaleza muy diversa. En ellos, efectivamente, el hombre avanza con paso firme y seguro sobre el sentido de la Creación del mundo, y conoce sin la falibilidad propia de la mente humana el horizonte sobrenatural —más adelante precisaremos esta noción clave—, que Dios ha dispuesto para él. La palabra de Dios nos revela el misterio de los orígenes del hombre porque se trata de una realidad muy importante para el sentido de la vida humana y para el conocimiento adecuado de Dios:

Las dos cuestiones, la del origen y la del fin, son inseparables. Son decisivas para el sentido y la orientación de nuestra vida y nuestro obrar.

Cfr. CCE, n. 282.

Paralelismo y grandes diferencias del Génesis con otros relatos de la Creación

Remontándonos a muchos siglos antes de Cristo, contemporáneos e incluso anteriores a las tradiciones de Israel, aparecen los himnos mesopotámicos de la Creación del mundo. Lo mismo sucede con algunos textos egipcios. Caldeos, asirios, egipcios y un largo etcétera de otros pueblos de la Antigüedad que no es el caso enumerar, conocían antes del nacimiento del mundo grecorromano muchos de los secretos naturales de la Creación, y habían desarrollado un pensamiento religioso que daba razón de los porqués más hondos de la existencia del hombre y del mundo.

Esta realidad no es despreciada en absoluto por el Catecismo cuando aborda el misterio de la Creación.

> Desde sus comienzos, la fe cristiana se ha visto confrontada a respuestas distintas de las suyas sobre la cuestión de los orígenes. Así, en las religiones y culturas antiguas encontramos numerosos mitos referentes a los orígenes.
>
> CCE, n. 285

Entre otras preguntas, los sabios de estas primeras civilizaciones se habían cuestionado el origen del Universo, de modo hasta cierto punto parecido a como hoy también la ciencia busca la explicación última de la realidad física.

En Mesopotamia, por remontarnos a los primeros testimonios de esta historia, encontramos el universalmente famoso texto llamado «Canto del Gilgamesh», que data del segundo milenio antes de Cristo, y que fue redactado en forma épica en el ambiente de la que podríamos llamar la primera civilización de la humanidad. En más de un pasaje, el texto recuerda las descripciones de la Biblia, especialmente cuando se detiene en la historia del origen del universo[34].

En el caos primordial, según la tradición babilónica, se descubre una doble composición: estaba formado por las aguas del Apsú, es decir, el océano de agua dulce, y las aguas del Tiamat, que recoge el canto y que representa el mar. Estas dos naturalezas, parecidas pero distintas, eran las únicas realidades anteriores al momento de la Creación verdadera, ya que de ellas ha nacido todo lo demás en un proceso de generación que ocupa la atención del canto[35]. Todo provendría de este principio acuático, de modo semejante a como Tales, uno de los primeros «físicos», explicaba, en clave filosófica, que toda la realidad existente proviene de un principio que es el agua.

Sin embargo las diferencias con la tradición judeocristiana son notorias. Entre otras, para el texto bíblico, el relato de los orígenes concentra la atención en el poder creador de Dios, más allá de cualquier realidad física, y no se detiene tanto en los principios materiales del mundo, que son absolutamente secundarios. No importa la realidad inicial, ni la física que subyace a las acciones de la divinidad, como sucede en Babilonia y en Grecia, sino que lo verdaderamente destacado es el poder de Dios, su iniciativa, su decisión de traer de la nada todo cuanto existe en el mundo.

Aunque se revistan con ropajes en cierto modo parecidos desde el punto de vista literario, el mensaje y su contenido son

---

[34] Destaca el fuerte parecido del relato con la historia de Noé que conocemos por las Escrituras cristianas. En el Gilgamesh, el personaje que hace las veces de Noé se llama Anubasirnapal.

[35] Tiamat es el principio femenino, que tiene un esposo en Apsú. Por otro lado está el dios principal del panteón babilónico, un dios llamado Marduk, un nombre con resonancias en la Biblia, que lucha contra la unión de Tiamat y Apsú, personificados en las aguas. De esta lucha saldrá la definición de las cosas creadas, incluso el hombre, que fue creado con la sangre de un dios muerto y para la alabanza de los demás dioses.

abiertamente diferentes. Dicho con las palabras del Magisterio de la Iglesia, el interés de la Biblia se concentra en un problema de orden superior, radicalmente más importante,

> No se trata sólo de saber cuándo y cómo ha surgido materialmente el cosmos, ni cuando apareció el hombre, sino más bien de descubrir cuál es el sentido de tal origen: si está gobernado por el azar, un destino ciego, una necesidad anónima, o bien por un Ser trascendente, inteligente y bueno, llamado Dios.
>
> Catecismo de la Iglesia Católica, n. 284.

Por eso los puntos de contacto en el orden literario o incluso cosmológico no son realmente importantes a la hora de confrontar esas tradiciones bien diferentes sobre los orígenes, porque lo decisivo es el grado de conocimiento de Dios que proporcionan y la medida en que son coherentes con el designio general de salvación que ha querido Dios manifestarnos. Otro tanto se puede decir de las versiones míticas del origen del mundo que encontramos en la gnosis, el maniqueísmo, el emanatismo, etc. (cfr. CCE, n. 285).

La Creación y los géneros literarios

Antes de centrarnos en la forma peculiar que adopta desde el punto de vista literario la explicación bíblica de los orígenes, conviene detenerse en esas otras narraciones que habitualmente se ponen en relación con el texto de la Biblia.

Ciertamente nos llama poderosamente la atención, a una mentalidad como la nuestra más bien familiarizada con el lenguaje científico, unos textos, tanto los de las cosmogonías paganas como otros relatos similares de la antigüedad, que describen la realidad por medio de metáforas y alegorías, en lugar de explicarla de modo literal y exacto —claro y distinto como decía el filósofo francés Descartes—, que es como a nosotros nos parece más lógico.

Este uso peculiar del lenguaje, coincidente en algunos aspectos con las tradiciones culturales más antiguas, ha podido confundir a los lectores modernos, induciéndoles a pensar que, si se comparasen los textos bíblicos con los de otras religiones, nos encontraríamos con relatos de idéntica naturaleza. Sin embargo, cuando se analiza cada uno de ellos más despacio, teniendo en cuenta su origen y sentido, se impone la convicción de que se trata de realidades muy diferentes, desde el punto de vista doctrinal.

Efectivamente, las tradiciones religiosas antiguas han formulado sus intuiciones sobre el origen de lo real en determinadas formas literarias que conocemos como mitos, una palabra de origen griego que se refiere a toda «Creación poética cargada de un significado profundo y misterioso». No se trata por tanto de relatos históricos, propiamente dichos, puesto que tanto los acontecimientos narrados como los personajes aludidos, no responden a una realidad histórica que se haya dado en un tiempo y lugar determinados, sino más bien a leyendas o historias proverbiales, que se dan en la imaginación de los poetas —inventores de mitos— de estos pueblos.

Más técnicamente, el mito consiste en toda «Creación narrativa», que habiendo nacido en un mundo religioso y cultural determinado, alberga un verdadero afán explicativo de la realidad, especialmente de aquello más difícil de conocer, porque está oculto y escondido a los ojos de lo cotidiano. Es una forma de hablar de las causas de las cosas, antes de que se formara el lenguaje más preciso de los conceptos filosóficos. La relación del mito con lo misterioso y profundo: especialmente con los orígenes, las causas de las cosas, los dioses, etc., es una de sus constantes más universales en todas las culturas del mundo.

Los relatos de la Biblia

El pensamiento de los textos bíblicos recorre, en cambio, una senda muy diversa, en primer lugar porque la Biblia expresa su verdad en vuelta en diferentes formas literarias, que es preciso tener en cuenta para comprender qué quiere decir el texto[36], aunque su sentido no se agota en este ropaje literario cambiante, sino en el espíritu con que ha sido redactado y recogido en la totalidad de la Escritura.

Por eso sabemos que en cuanto a su contenido, para el creyente, la Biblia es la Palabra de Dios, la Revelación de Dios a los hombres. El hombre de fe se siente movido a creer en ella, pero además, lo fundamental de la Escritura es que todo esto no quita para que se tenga en cuenta la enorme variedad de textos que en ella se contienen, con formas literarias de lo más variadas, correspondientes a la idiosincrasia cultural y literaria de los autores, también conocidos como hagiógrafos, de los que Dios se quiso servir para transmitirnos su Verdad.

Como dice el Concilio Vaticano II, en su Constitución sobre la Revelación divina,

> La santa Madre Iglesia, fiel a la base de los apóstoles, reconoce que todos los libros del Antiguo y del Nuevo Testamento, con todas sus partes, son sagrados y canónicos, en cuanto que, escritos por inspiración del Espíritu Santo, tienen a Dios como autor, y como tales han sido confiados a la Iglesia.
>
> *Dei Verbum*, 11.

Además de himnos, cartas, leyes, etc., la Biblia contiene muchas historias centradas en personajes que presentan rasgos he-

---

[36] Puede servir como definición de los géneros literarios «las diversas formas de escribir o expresarse que son comunes en una determinada época o región histórica».

roicos, pero a diferencia de los griegos, no son alegorías ni invenciones, ni quieren ensalzar las mismas virtudes características del mundo pagano, como eran la fuerza, el honor, la valentía...

Los relatos de la Biblia se enmarcan siempre en la Alianza que Dios ha sellado con el hombre desde la Creación y se ha hecho más concreta en la historia de Israel. Son relatos basados en la historia concreta de los patriarcas, de los profetas, de los apóstoles, etc., y no sólo historias con carácter pedagógico. El valor histórico de cada una de ellas se justifica por el origen y desarrollo de las tradiciones de donde han surgido.

Todos los judíos piadosos aprecian por eso las tradiciones. Cada una de ellas narra en singular un sinfín de detalles esponsales entre Dios y su Elegida, Israel. A la vez, todos los relatos de la Biblia, en su enorme variedad de formas, se remontan a un momento inicial, al instante de la Creación divina, como ya hemos puesto de manifiesto en los anteriores capítulos, realidad fundamental y verdaderamente fundante de la historia de la salvación, sin el cual se puede decir que los demás acontecimientos históricos, espirituales, proféticos y culturales de Israel quedarían sin una base doctrinal de primera magnitud. La Creación, que se nos narra en el Génesis, es el punto primero y capital de la Revelación divina al hombre.

> Entre todas las palabras de la Sagrada Escritura sobre la Creación, los tres primeros capítulos del Génesis ocupan un lugar único. Desde el punto de vista literario, estos textos pueden tener diversas fuentes. Los autores inspirados los han colocado al comienzo de la Escritura de suerte que expresa, en su lenguaje solemne, las verdades de la Creación, de su origen y de su fin en Dios, de su orden y de su bondad, de la vocación del hombre, finalmente, del drama del pecado y de la esperanza de la salvación.
>
> Catecismo de la Iglesia Católica, n. 289.

Para los cristianos, además, la conexión de los textos iniciales del Génesis se prolonga hasta el misterio de Cristo, que no se puede separar nunca del resto de la Escritura. A su luz, las palabras de esos capítulos iniciales adquieren una revelación más honda y ya definitiva. Una vez más el catecismo nos lo recuerda con la precisión y vigor de su autoridad:

> Leídas a la luz de Cristo, en la unidad de la Sagrada Escritura y en la Tradición viva de la Iglesia, estas palabras siguen siendo la fuente principal para la catequesis de los Misterios del «comienzo»: Creación, caída, promesa de la salvación.

CCE, n. 289.

La ciencia y la evolución ante los relatos de la Creación

Estas ideas pueden ayudarnos a entender mejor qué se narra en los primeros capítulos del Génesis. Podría parecer que cuanto hemos dicho no se reconoce del todo en los relatos de los «siete primeros días» del mundo, cuando se relata la historia de la Creación. Adán y Eva, el jardín del Edén, la serpiente,... ¿qué tiene que ver todo esto con la historia de la evolución del cosmos que nos habla de miles de años de existencia, hasta que aparecen las distintas especies, o la aparición del género humano, en una misteriosa sucesión de especies cada vez más complejas y desarrolladas, hasta llegar al ser humano actual, tal como registra la paleontología?

Ciertamente, la ciencia contemporánea presenta una imagen del origen de las cosas un tanto diferente al relato bíblico. Desde que Darwin formulara su teoría sobre la «evolución», se han descubierto un enorme conjunto de datos que avalan la aparición y desaparición de muy diversas especies. Aplicado al caso del hombre, se ha podido estudiar y comprobar que el género humano guarda un gran parentesco genético, físico y etiológico con otras especies. En concreto, si pensamos en los «homínidos», especies del género «homo», o sea hombre[37], la cercanía morfológica es bastante próxima, como pretende averiguar la ciencia contemporánea. La investigación sigue en marcha y no se pueden descartar futuros descubrimientos que ayuden a comprender mejor los caminos de la historia natural de los seres sobre la tierra hasta la aparición del hombre.

El problema que se plantea entonces es conciliar todos estos datos con los textos del Génesis, escritos hace tantos siglos y ajenos a la evolución científica.

En efecto, el sistema cosmológico y natural que subyace al Génesis no tiene casi nada que ver con nuestra interpretación de la naturaleza. Las ideas de la evolución de las especies, por otro lado, están completamente ausentes. Y el modo de Creación del hombre, según aparece en la historia del Génesis, desconoce hasta las más elementales nociones científicas sobre el cuerpo humano.

No obstante, el análisis teológico de esos textos nos previene de enfrentar ambos mundos, el científico y el religioso, en el mismo plano de interpretación. Son dos horizontes de comprensión distintos, que no pueden contradecirse por tener ambos a Dios como autor.

Claramente, los textos bíblicos nos hablan, en comparación con los avances de la ciencia, de otra cosa más honda e importante para la vida del hombre. En realidad, nos remiten a las verdades trascendentes, es decir, a aquellas verdades que se encuentran relacionadas con la verdad definitiva de las cosas y particularmente del hombre: La Biblia, con su lenguaje a veces

---

[37] Las ciencias humanas recurren al latín y al griego para designar los nombres de los elementos. Con la palabra homo, hombre en castellano, se construyen algunas variantes de las especies emparentadas con el ser humano. Para más datos acerca del evolucionismo véase M. Artigas, *El Evolucionismo*, Madrid 2000.

sencillo a los ojos de la ciencia, nos habla de un más allá de lo experimental, nos habla en el fondo, cuando aborda la Creación, del origen absoluto de todas las cosas, como hemos podido analizar en nuestros primeros capítulos, independientemente de que haya sido a través del concurso de acontecimientos de orden natural que no conocemos porque escapan a nuestra comprensión o simplemente porque ya han desaparecido y nunca estarán más que al alcance de la hipótesis científica.

> La cuestión sobre los orígenes del mundo y del hombre es objeto de numerosas investigaciones científicas que han enriquecido magníficamente nuestros conocimientos sobre la edad y las dimensiones del cosmos, el devenir de las formas vivientes, la aparición del hombre.
>
> Catecismo de la Iglesia Católica, n. 283.

La fe no tiene reparos ante la investigación científica, más bien al contrario, pues en la práctica, la ciencia no supone más que una mejor comprensión de las obras de Dios. Cuanto más conocemos lo creado, el misterio tan hondo del ser natural del mundo, tanto más nos acercamos a quien es el autor de todo.

> Estos descubrimientos nos invitan a admirar más la grandeza del Creador, a darle gracias por todas sus obras y por la inteligencia y la sabiduría que da a los sabios e investigadores. Con Salomón, estos pueden decir: «Fue él quien me concedió el conocimiento verdadero de cuanto existe, quien me dio a conocer la estructura del mundo y las propiedades de los elementos... porque la que todo lo hizo, la Sabiduría, me lo enseñó» (Sb 7,17-21).
>
> Ibidem.

Con estos presupuestos de la relación entre la fe y la ciencia, podemos apreciar mejor que la Creación no está reñida con ninguna explicación sobre el origen del hombre o del mundo, concretamente con las explicaciones naturales que de modo general se conocen como doctrina de la «evolución», o evolucionismo, siempre que este término no esconda un radical materialismo, peligro que en ocasiones sí que late en las explicaciones científicas.

Pero bien considerada, es decir, abierta a la trascendencia del Espíritu, la doctrina científica de la evolución de las especies y de modo particular la del hombre no tiene por qué ofrecer ninguna ruptura doctrinal con las verdades de la fe en la Creación:

> El Magisterio de la Iglesia no prohíbe que se trate en las investigaciones y disputas de los entendidos en uno y otro campo, la doctrina del «evolucionismo» en cuanto busca el origen del cuerpo humano en una materia viva y pre-existente, pues las almas nos manda la fe católica sostener que son creadas inmediatamente por Dios.
>
> PÍO XII, Encíclica *Humani generis*[38]

Pues mientras que la evolución es una explicación que se mueve siempre en el plano del desarrollo de los seres que ya existen, con la idea de Creación, la Biblia nos habla del origen radical de donde en última instancia vienen a ser.

Aclarando mejor los términos, la diferencia entre Creación y evolución es de orden cognoscitivo, o sea, en cuanto al modo de conocer la realidad del mundo. En primer lugar, evolución es un concepto netamente científico y en constante revisión por los naturalistas, biólogos y paleontólogos. Para entenderlo un poco más, pensemos por un momento en la historia de las especies biológicas, que como todas las cosas han tenido un ori-

---

[38] La encíclica fue promulgada por el papa en el año 1950, para aclarar el problema que suscitaba la extensión entre la opinión pública de las investigaciones científicas sobre el origen del hombre.

gen, también temporal. Las especies no han existido desde siempre, como es obvio, sino que han empezado a ser en un momento dado de la escala temporal de la tierra, cosa que la ciencia conoce gracias a los registros fósiles. Pero la sospecha, más o menos confirmada, es que en los orígenes de las especies se encuentran otras especies ya existentes, emparentadas con las primeras, tratándose en muchos casos de especies originales con unos rasgos más simples desde el punto de vista del desarrollo biológico, pues en términos generales la tendencia que se observa con el paso de las eras geológicas es hacia una mayor complejidad. Por eso decimos en lenguaje coloquial «evolución» o evolucionismo de las especies, incluso del hombre, como si se tratase de una cadena progresiva que, por una evolución natural de sus formas de ser, conecta las especies actuales del universo con otras que han existido anteriormente[39].

De otra parte, la noción de Creación es plenamente teológica y religiosa, aunque también influya, qué duda cabe, en la visión física del mundo. Creación remite más bien a un plano más profundo de comprensión de la realidad: quiere dar razón, apoyándose en la luz de la revelación divina, del mismo origen de todo, antes incluso, en un sentido metafísico y no sólo temporal, como hemos visto en el primer capítulo, de la evidencia física de la evolución natural, y lo relaciona con los demás momentos importantes de la constitución del mundo: su sentido final, su relación con Dios y con su Voluntad, en una palabra, con la historia de la Salvación.

El origen del mundo y del hombre no se resuelve por tanto sólo con la explicación de su ser natural. El mundo y el hombre

---

[39] Es preciso hacer notar que las doctrinas del evolucionismo no son verdades plenamente probadas por la ciencia. Son muchos los interrogantes que se plantean y hay varias maneras de abordar el problema y de solucionarlo. Para aclarar estos problemas trabaja la ciencia y también filosofía, en un diálogo que se encuentra lejos de estar definitivamente cerrado.

se encuentran abiertos a una ordenación sobrenatural que les trasciende. El mundo y el hombre han sido creados con un fin, como explica bien el siguiente punto del Catecismo que vamos a citar, porque el mundo y el hombre existen con una vocación íntima: la comunión con Dios. La vida de la gracia, para la que fueron creados, presupone sin embargo un origen de tipo natural, porque el orden sobrenatural lo requiere, pero no se agota en esta realidad natural. Porque el hombre es la única criatura que ha sido querida por sí misma, y su dignidad más alta radica en su vocación a la comunión con Dios (cfr. CCE 28ss).

> La inteligencia humana puede ciertamente encontrar ya una respuesta a la cuestión de los orígenes. En efecto, la existencia de Dios Creador puede ser conocida con certeza por sus obras gracias a la luz de la razón humana (DS: 3026), aunque este conocimiento es con frecuencia oscurecido y desfigurado por el error.

CCE, n. 286.

El conocimiento de la ciencia y la verdad de fe en la Creación

A juicio de quienes no comprenden el sentido sobrenatural de la Biblia, la comparación de los relatos sobre los orígenes, llenos de imágenes y símbolos, en ocasiones con significado incierto, con la firmeza y rotundidad de los conceptos y métodos empleados por la ciencia, puede dar la impresión de dos esferas que se encuentran enfrentadas en las visiones de la Creación.

Es cierto que, mientras los científicos pueden probar todas las aseveraciones de su conocimiento antes de darlo por bueno por medio de una experimentación controlada, la fe que nos pide la Escritura divina relata personajes y sucesos en una buena medida difícilmente contrastables. Por ejemplo, es claro que la historicidad de los relatos sobre Adán y Eva, los patriarcas y multitud de acontecimientos que se invocan en las Escrituras sagradas, no están al alcance del conocimiento científico, tal como la cultura actual los entiende.

Surge entonces la pregunta por su validez como fuentes de conocimiento. ¿Por qué debemos prestar credibilidad a unos relatos que son difícilmente demostrables desde el punto de vista científico? Ciertamente, la Escritura no tiene en cuenta el tipo de conocimiento que es característico de la ciencia moderna. Su ideal no es la verificación, ni siquiera la comprobación, cuando se trata de conocer la verdad del mundo, del hombre y de Dios. Su punto de arranque, más bien, es la confianza en Dios, en sus manifestaciones, en el entorno que sabe crear a través de determinados instrumentos que son sus elegidos para determinadas tareas.

> Mediante la razón natural, el hombre puede conocer a Dios con certeza a partir de sus obras. Pero existe otro orden de conocimiento que el hombre no puede de ningún modo alcanzar por sus propias fuerzas, el de la Revelación divina (cfr. Cc. Vaticano I: DS 3015). Por una decisión enteramente libre, Dios se revela y se da al hombre.
>
> CCE, n. 50.

El creyente asiente a las verdades de Dios no porque vengan demostradas, sino porque su origen está en Dios, que no puede engañar, y por tanto son dignas de consideración, de aprecio, incluso de sacrificio si fuera necesario a la hora de ser congruente con ellas. Sin embargo, todo esto no quita legitimidad a los métodos científicos y a sus resultados, en tantos casos fundamentales para el bien de las personas y de las sociedades.

Por eso la investigación científica no es obstáculo para que, a su vez, en un plano de fe, los relatos bíblicos estén llenos de significado sobre quién es Dios, el hombre, el mundo y cuál es el sentido trascendente de su realidad. Los relatos bíblicos, en general, y los del Génesis, en particular, cumplen, antes que nada, con la misión de enseñarnos quién es Dios, por qué ha creado al hombre y cómo ha querido desde siempre que fuera. No debemos olvidar que son relatos cargados de religión y de vida espiritual. No es Biología lo que Dios quiere enseñar en la Biblia, sino fe y vida.

> El gran interés que despiertan a estas investigaciones está fuertemente estimulado por una cuestión de otro orden, y que supera el dominio propio de las ciencias naturales.
>
> Catecismo de la Iglesia Católica, n. 284.

La fe no rechaza la ciencia, ni la ciencia debería dar la espalda a la fe. Son órdenes distintos del conocer humano que se complementan muy bien si no se cae en problemas estériles. El hombre quiere saber del mundo, y usa unos medios adecuados para su progreso. Y también quiere saber de Dios y de su relación con él y, en la medida que esto escapa a lo terreno, debe abrirse a los medios propios del conocimiento de fe.

No hay por tanto incompatibilidad entre el relato del Génesis y los descubrimientos científicos. La razón puede iluminar muchos puntos que están a las puertas de la fe, para que el hombre que por la gracia cree en Dios y su palabra, pueda comprender mejor la grandeza de la Creación y de la vocación del hombre. Y la fe puede dar una dimensión más profunda y elevada a la actividad humana del científico, que en cuanto hombre también debe preocuparse de otras dimensiones de su existencia. Con esta luz sobrenatural, el hombre y la mujer se saben llamados a transformar todas las dimensiones de su vida, incluidas la actividad técnica, la ciencia, la política, la cultura y así todas las actividades nobles de la humanidad, en alabanza y honor al Creador.

Capítulo V
LA PROVIDENCIA DE DIOS

La tradición cristiana ha llamado con frecuencia Providencia al cuidado continuo que mantiene Dios con sus criaturas. El mismo amor de Dios que ha sido causa original de la existencia del mundo, se manifiesta de continuo en el cuidado amoroso y delicado por sus criaturas, que verdaderamente es consecuencia clara de su amor por ellas: es ese amor divino que, sin perder la trascendencia sobre lo creado[40], es capaz de mover todo el universo hacia el fin querido desde el inicio[41].

> (La Providencia) es una verdad inseparable de la fe en Dios Creador: Dios actúa en las obras de sus criaturas.
>
> Catecismo de la Iglesia Católica, n. 308.

Y dentro de este desvelo por todo lo creado, destaca, por la alta condición a que está llamado, el cuidado que Dios des-

---

[40] Como se sabe, hemos tratado con profusión esta doctrina de la superioridad divina en los tres primeros capítulos. A ellos remitimos para una comprensión adecuada antes de adentrarnos en el problema de la Providencia de Dios.

[41] Se recordará posiblemente cómo el poeta Dante Aligheri en la Divina Comedia, inspirándose en los autores clásicos del pensamiento cristiano, hace al amor causante de todo el movimiento del mundo.

pliega por el hombre y todo lo humano. Juan Pablo II explicaba, en su catequesis sobre la noción cristiana de Providencia, que no es una invención de la Iglesia, porque la Escritura es el principal apoyo de esta verdad de fe:

> La Iglesia anuncia la Divina Providencia no por invención suya,… sino porque Dios se ha manifestado así, cuando ha revelado, en la historia de su pueblo, que su acción creadora y su intervención de salvación estaban indisolublemente unidas, formaban parte de un único plan proyectado en los siglos eternos.
>
> Juan Pablo II, Catequesis sobre la Providencia, n. 4.

La Providencia divina es un dato constante de la Escritura

Se pregunta el Apóstol San Pablo[42] en la Carta a los Romanos acerca del insondable misterio de la acción continua de Providencia y protección que Dios despliega en todo lo creado:

> ¿Quién puede conocer los designios de Dios?, o más aún, ¿de quién puede tomar consejo el Señor, siendo el Creador?
>
> Rom 11, 34.

La vida de Dios y sus designios han sido siempre de una profundidad inalcanzables para los hombres. Esta potencia, poder de Dios, que ha creado el universo, está más allá de la capacidad del hombre, ya que siempre la conoce a través de las manifestaciones creadas y nunca directamente.

Todo está sujeto al poder y a la Voluntad de Dios. Nada hay que pueda poner límites a la capacidad divina dentro de lo crea-

---

[42] A San Pablo se le puede atribuir un fuerte sentido de la trascendencia divina, a la vez que no dejaba de señalar la cercanía de Dios al género humano, especialmente, a través de la Encarnación del Verbo.

do, pues la criatura deriva su ser completamente de Dios y, por tanto, guarda una dependencia absoluta de su Creador, como ya habíamos tratado en el primer capítulo.

Los textos de la Escritura nos responden a las dos preguntas del Apóstol, sobre la posibilidad de sondear y explorar la potencia de Dios, dejando claro que Dios es el Señor de los acontecimientos de la vida y de la Historia. Nada sucede al margen de su Señor, y no hay camino ni movimiento que pase oculto ante la visión de Dios.

No se trata de un poder despótico, precisará el Antiguo Testamento[43], sino más bien del poder suave y diligente de un Padre al que le interesan todas las cosas de sus hijos. Como dice el salmo[44],

> Dios es bueno con todos,
> y su misericordia se extiende a todas sus obras.
>
> Sal 145, 9.

Verdad que se comprueba especialmente en la forma que tiene Dios de conducir todo lo creado hacia el Bien, hacia el fin para el que existen. A esto llama la Escritura y la Tradición cristiana «Providencia», que se podría traducir literalmente como «previsión» —Dios prevé los sucesos futuros, pro es prefijo de antecedencia y videre es el verbo latino para ver—, pero que se entiende más acabadamente como Cuidado, Atención amorosa de Dios por todas las criaturas y, en especial, por las personas humanas.

---

[43] Son muchas las referencias veterotestamentarias a esta maravilla del gobierno de Dios sobre las cosas, pero se hacen especialmente presentes en los llamados libros sapienciales: los Salmos, el libro de la Sabiduría, el Sirácida (también conocido como Eclesiástico), etc.

[44] Cfr. Sb 1, 13-3 y Sal 103, 13; no son pocos los pasajes de los libros sapienciales en que se habla de la suavidad de Dios, especialmente en su obrar.

A estas ideas del salmo se refiere también el Catecismo de la Iglesia Católica (cfr. CCE, n. 302 *in fine*), cuando describe la noción cristiana de Providencia, tal como ha quedado recogida en el Magisterio solemne en ocasiones anteriores, por ejemplo en el Concilio Vaticano I:

> Dios guarda y gobierna por su providencia todo lo que creó, «alcanzando con fuerza de un extremo al otro del mundo y disponiéndolo todo con dulzura» (Sb 8, 1). Porque «todo está desnudo y patente a sus ojos» (Hb 4, 13), incluso lo que la acción libre de las criaturas producirá.
>
> Concilio Vaticano I[45].

Como vamos viendo, la providencia de Dios tiene sentido porque el mundo no está todavía «perfeccionado», no ha llegado a su plenitud. Esto no limita en modo alguno la capacidad de Dios o su omnipotencia, uno de los principales atributos del ser divino, pues como explica Santo Tomás en la «Suma de Teología», Dios pudo haber creado un mundo que fuera más perfecto:

> En su poder Infinito, Dios podría siempre crear algo mejor.[46]
>
> Cfr. S. TOMÁS DE A., S. Th. I, 25, 6.

Pero ha preferido el mundo tal como lo conocemos, que es un mundo en evolución, o mejor dicho en «estado de vía», construyéndose y perfeccionándose de forma paulatina, de modo que el hombre y su libertad intervengan también en él.

---

[45] D 3003.

[46] Viene citado en el CCE, n. 310, como respuesta a una pregunta que el hombre se hace siempre al contemplar la realidad del mundo y descubrir sus imperfecciones: «Pero ¿por qué Dios no creó un mundo tan perfecto que en él no pudiera existir ningún mal?»

Como dice el Catecismo de la Iglesia Católica,

> este devenir trae consigo en el designio de Dios, junto con la aparición de ciertos seres, la desaparición de otros; junto con lo más perfecto lo menos perfecto[47];

> CCE, n. 310.

Todas estas ideas nos sirven para entender la presencia del «mal físico» en el mundo, sin que por ello sufra menoscabo el poder de Dios. Cuando Dios vela por las criaturas y especialmente por el hombre, tiene en cuenta las limitaciones con que ha querido el mundo, porque ha sido su voluntad un mundo que debe alcanzar su perfección.

> Por tanto, con el bien físico existe también el mal físico, mientras la Creación no haya alcanzado su perfección.

> Cfr. S. TOMÁS DE A., *Suma contra los gentiles*, 3, 71.

La confianza filial en las manos de Dios

En el Salmo 139, un salmo que podríamos designar —como indica la edición latina de la Liturgia de las Horas—, «el salmo del Señor que preside todas las cosas», se expresa la confianza que tiene el creyente en la acción constante de Dios sobre su alma y sobre su vida.

> ¡Oh Señor!, Tú me examinas y me conoces, Tú sabes cuándo me siento y cuándo me levanto.

> Sal 139, 1.

---

[47] En este punto n. 310 el Catecismo piensa en la evolución natural de las cosas creadas, que aparecen y desaparecen del mundo, pero por extensión se puede entender algo similar del desarrollo global del Universo y de las especies biológicas.

A los ojos del salmista, no hay nada que quede fuera de la mirada de Dios, el cual, todo sea dicho, no busca a los hombres con ánimo de examinarlos, aunque ésta sea la palabra española que más se aproxima a la traducción, sino para estar pendiente de ellos, al modo como los padres saben siempre del lugar dónde están los hijos, por lejanos que se encuentren. El título del salmo es bien significativo de esta disposición amorosa de Dios hacia sus hijos los hombres: *Petición de salvación al Señor, que penetra en lo más íntimo* del hombre y cuya acción alcanza todo lugar y todo tiempo (*Título del Salmo 139*).

El hombre, cada hombre y cada mujer, en su relación personal con el Creador, se sabe mirado amorosamente por su Dios. Es cierto que se trata de una mirada profunda, tremendamente honda, como corresponde a la infinita potencia del conocimiento de Dios sobre las cosas creadas, pero es una fuerza al servicio del bien de las criaturas. Es la fuerza de un conocimiento que escruta incluso en la realidad futura, ya que para la mente de Dios —esto no es fácil de pensarlo en nuestra condición temporal— todo está eternamente presente.

Dios sabe, por tanto, todo sobre mi ser personal, sea presente, pasado, potencial...; es por eso, como decía San Agustín, más íntimo a mí que yo mismo,

> *Intimior intimo meo.*
>
> *Confessiones,* l. 3, c. 6, v. 11.

Gracias a este conocimiento, que es Providencia —previsión y gobierno a la vez—, puede tener lugar en la historia de la salvación un progreso en el amor de Dios bajo la acción del Espíritu Santo. Porque como decía el Concilio Vaticano II, en la Constitución *Gaudium et Spes,*

> sin el Creador, la criatura se diluye.
>
> *Gaudium et Spes,* c. 36, p. 3.

A la vez la Providencia de Dios no anula el sentido propio de las obras de las criaturas. Para expresarlo con las fórmulas acuñadas por los filósofos, podemos decir que la Providencia de Dios en su orientación del mundo se sirve de «causas segundas», es decir, del modo peculiar de actuar de las cosas creadas, aunque entrando dentro de un juego más amplio que marca Dios mismo como causa primera de todo cuanto existe:

> (Dios) es la causa primera que opera en y por las causas segundas: «Dios es quien obra en vosotros el querer y el obrar, como bien le parece» (Flp 2, 13; cfr. 1 Co 12, 6). Esta verdad, lejos de disminuir la dignidad de la criatura, la realza.
>
> Catecismo de la Iglesia Católica, n. 308.

La Providencia de Dios abarca también la historia de la humanidad

Sin embargo el cuidado de la Trinidad por sus criaturas no se reduce a la esfera personal. Todo el mundo del hombre es importante para Dios, en todos los niveles, tanto personal como universal.

Nos detenemos por eso en la Providencia general de Dios dentro de la historia de la humanidad. Dios ha previsto para el hombre unos planes determinados de encuentro paulatino con él. Es la historia de la salvación, es decir, la sucesión de acontecimientos históricos, con un orden determinado, más aún, con una pedagogía divina, como dice San Pablo, que se realiza no de forma aleatoria o fortuita, sino con la conciencia de que sea lo más adecuado para los hombres de todos los tiempos, a través de la cual el hombre se ha ido haciendo a la forma de Dios.

Todo esto puede chocar con la interpretación racionalista de la historia. En efecto, a esa manera de ver los acontecimientos, no le resulta fácil entender esta realidad trascendente, por la que todo cuanto sucede es guiado por una fuerza interior —no comprobable empíricamente— a la realidad histórica, que proviene de Dios. Como consecuencia de la herencia ilustrada que se desarrolló en Occidente desde hace unos siglos, el hombre moderno tiende a ver los acontecimientos históricos como resultado exclusivo de las acciones del hombre, sin reparar en la dimensión de eternidad sobre la que se mueve el curso de la historia. Sin embargo, todos los acontecimientos históricos se mueven en las manos amorosas de Dios, que no quiere el mal en la historia, pero lo permite por respeto a la libertad creada y porque de esos males puede sacar bienes.

No es raro, por el contrario, que la historia se presente como una lucha, como el esfuerzo humano por conseguir un ascenso creciente en los bienes económicos, culturales y políticos. Pero, iluminados los acontecimientos por la luz de la fe, podemos descubrir siempre que a este orden histórico se añade, tal como nos hace descubrir la Escritura, otro más interior, más hondo, que tiene que ver sobre todo con la relación espiritual del hombre con Dios, por el cual se realiza el Reino de Dios ya aquí en la tierra tomando pie en las relaciones meramente terrenas de los hombres. La providencia infalible de Dios no fuerza la acción libre de las criaturas racionales. Al revés, cuenta de modo radical con ella, porque Dios causa y mantiene la libertad. El tema es muy amplio y ha dado pie a grandes controversias teológicas a lo largo de la historia, y sólo podemos iluminarlo parcialmente hasta que concluya la vida del hombre en la tierra. El mismo Señor, cuando aborda en los Evangelios las verdades eternas, lo hace con imágenes veladas y muy simbólicas.

En verdad, historia de la salvación e historia de los hombres no se identifican, pues hasta el final de los tiempos, cuando todo esté definitivamente conducido por la Voluntad de Dios, no sabremos el sentido pleno de todos los acontecimientos. Pero la Revelación nos enseña que la victoria definitiva es de Dios, porque su Espíritu no deja de sondear los corazones de los hombres y los conduce hacia el Bien. Por eso la fe cristiana habla de «predestinación», predestinación al Bien de quienes obtendrán la vida eterna, un tema muy difícil a los ojos de los hombres porque no podemos sustraernos a la visión temporal de las cosas. Pero S. Pablo lo recuerda con frecuencia (p. ej. Rm 8, 22ss)[48].

> Camine o descanse, Tú lo adviertes, todas mis sendas te son familiares. Pues aún no está una palabra en mi lengua, y ya, Señor, la conoces toda.
>
> Sal 139, 3-4

La Providencia divina alcanza los confines de lo creado

En definitiva, la presencia providente de Dios lo invade absolutamente todo. No hay un lugar donde refugiarse de su mirada, pues Dios no conoce como el hombre, es decir, poco a poco y con rectificaciones sucesivas, sino con la inmediatez de quien no está sujeto a lo creado. Ni la tiniebla, ni la distancia, ni los lugares recónditos son un problema para su mirada, ya que Dios ve desde el interior del ser. Esto es una consecuencia necesaria de ser el Creador, y ha sido conceptualizado por los teólogos como «presencia de inmensidad»: Dios está presente en todo lo creado por ser el Creador Todopoderoso. Porque ha creado todos los seres, porque su poder no está condicionado por nada finito y de ese modo no hay un ser en el que no está presente el poder de Dios: todo cae bajo su atenta y misericordiosa mirada. Incluso los seres que se han rebelado contra él viven gracias al poder de Dios. Él es la fuente del ser, del bien,

---

[48] Hay que evitar una concepción rígida de la predestinación divina que impida la autonomía de las cosas temporales. La teología calvinista ha sido muy sensible a ver en las cosas de la tierra las señales de la predestinación divina, cuando en realidad a la historia humana le falta el elemento decisivo: la última palabra de Dios, el juicio eterno.

del poder de todo: principio sin principio, como habíamos dejado sentado en nuestro primer capítulo.

> ¿Adónde alejarme de tu espíritu?
> ¿Adónde huir de tu presencia?
> Si subo al cielo, allí estás Tú;
> si bajo hasta el «*Sheol*», allí te encuentras,
> si monto en las alas de la aurora
> y habito en los confines del mar,
> también allí me guiará tu mano,
> me sujetará tu diestra.
>
> Sal 139, 7-10

La pareja de expresiones «Cielo» y «Sheol» —Cielo e Infierno—[49], uno en lo más alto y el otro en lo más profundo, sirven para designar la totalidad del orbe, según la cosmología imperante en la época de composición de este texto. No hay un lugar en la tierra, nos dice el salmo, que no repose en la voluntad de Dios, ni siquiera la esfera de los muertos, que sería el sentido con que viene usada la palabra Sheol en muchas ocasiones en la Escritura. También el ser de los que han fallecido y parece que no son más, es conocido por Dios.

En cuanto a la alusión a la diestra de Dios, ha de entenderse como una expresión referida al poder pleno de Dios, que se conceptualiza con un término de carácter antropomórfico. Se trata de un poder esencial, que dimana del ser de Dios, pero que se manifiesta en la historia de los hombres con unos rasgos que nos recuerdan las ideas anteriormente expuestas sobre la Providencia:

> Allí me guiará tu mano,
> me sujetará tu diestra.
>
> Ibidem, n. 10.

---

[49] Cfr. *El más allá*. Biblioteca de Iniciación teológica.

Aunque todo cuanto haya alrededor se muestre con un rostro amenazante, aunque «los confines del mar», es decir, el lugar donde se termina la Creación, se vuelvan contra el ser del hombre, porque en ocasiones es así y no hay quien perciba dónde está el orden, el bien, la justicia, el creyente nada teme pues se sabe en las manos de Dios.

En la expresión paralela: «las alas de la aurora», se hace también referencia a los límites de lo creado, a la bóveda celeste, en una región todavía más desconocida del mundo para el hombre, pero no por eso ajena a la voluntad de Dios que ha sido quien la ha querido y creado allí. La Providencia de Dios es infinita y alcanza a todo lo creado.

Estas ideas nos pueden resultar chocantes por vivir en otra época. No en vano, como es sabido, el hombre del Antiguo Testamento emplea unas referencias cosmológicas heredadas de la ciencia de su tiempo. El hombre antiguo, ante la inmensidad del firmamento y del mar, se veía desbordado por todas partes, y no podía dejar de pensar en todo lo creado como un horizonte inmenso, aunque limitado, en el que Dios le había colocado para que habitara. Frente a otras imágenes de la Antigüedad, los textos bíblicos se refieren al universo como una realidad fija e inerte, una especie de escenario construido por Dios, según el orden que está trazado en el Génesis, para que el hombre y todas las criaturas, habiten de forma armónica, conforme a su naturaleza y su felicidad.

El sentido cristiano de la Providencia

Todas las afirmaciones anteriores se basan, como es claro, en los textos del Antiguo Testamento. Y mantienen además toda su validez en el contexto de la revelación acabada en Jesucristo. Efectivamente, no hay que ser un experto en Biblia para conocer que toda la predicación del Maestro trasluce una filial y total confianza en los designios de Dios. Los ejemplos podrían multiplicarse. Es más, con Jesús el sentido de la Providencia adquiere una profundidad inusitada, como vamos a comprobar.

En comparación con el Antiguo Testamento, donde la Providencia viene caracterizada como una preocupación paterna por todos los seres creados, la predicada y vivida por Jesús es una Providencia mucho más directa y humana, pues en los labios y hechos del Señor se convierte realmente en una predilección amorosa por todos los hombres sean cuales fueren su condición.

En primer lugar, efectivamente, la acción magisterial y espiritual de Jesús se enmarca, según el testimonio de los Evangelios, en el orden providente de Dios para con todos los hombres. Jesús habla de su misión como una obra de misericordia universal con todos los necesitados de la tierra:

> Entretanto Juan, que en la cárcel había tenido noticia de las obras de Cristo, envió a preguntarle por medio de sus discípulos: ¿Eres tú el que ha de venir, o hemos de esperar a otro? A lo cual respondió Jesús: Id y anunciad a Juan lo que estáis viendo y oyendo: los ciegos ven y los cojos andan, los leprosos quedan sanos y los sordos oyen, los muertos resucitan y a los pobres se anuncia el Evangelio.
>
> Mt 11, 2-5.

Las obras de Jesús: sus milagros, su dedicación a la proclamación del Reino de Dios, la llamada a los discípulos, las obras de entrega personal al cumplimiento de la voluntad de Dios, obedecen a las mismas disposiciones que conocemos características de la Providencia divina: atención a las necesidades, tantas veces perentorias, del hombre sobre la tierra. El Catecismo de la Iglesia Católica lo recalca de modo claro cuando se refiere a

74

la predicación del Señor, tan marcada por la alusión a las «providencias» de su Padre Dios:

> Jesús,
> *dice el n. 305 del Catecismo,*
> pide un abandono filial en la providencia del Padre celestial que cuida de las más pequeñas necesidades de sus hijos: «No andéis, pues, preocupados diciendo: ¿qué vamos a comer? ¿Qué vamos a beber?... Ya sabe vuestro Padre celestial que tenéis necesidad de todo eso. Buscad primero su Reino y su justicia, y todas esas cosas se os darán por añadidura» (Mt 6, 31-33; cfr. 10, 29-31).
>
> CCE, n. 305.

Esto es válido especialmente por lo que a la vida espiritual se refiere. El hombre, hasta la llegada del Señor, se encontraba sin saber su camino ni la forma de acceder a la vida de Dios. Pero Jesús, lo dice él mismo, viene a cargar con la Cruz, para dar la vida por los demás y mostrar la solidaridad de Dios con cada persona de la tierra, por desahuciada que pueda encontrarse, o por poco relieve que pueda tener en la tierra. Para Dios cada persona es un hijo especial y querido, y nos lo muestra en la persona de su Hijo hecho hombre y entregado a esta misión de amor divino.

Así es; con un plan de plena providencia al servicio de los hombres, Dios manifiesta, en Cristo, de modo profundo, el sentido de desvelo amoroso que hay en su interior hacia lo creado y sobre todo hacia el hombre.

> Venid a mí todos los fatigados y agobiados, y Yo os aliviaré.
>
> Mt 11, 28.

Pero no siempre resulta fácil el camino de la Providencia. Por desgracia, de entre todas las criaturas, el hombre es el único que puede oponerse a los planes divinos. La razón de esta dureza proviene de su alta dignidad y poder con que ha sido querido en el designio creador. Mientras las demás criaturas se encuentran constantemente referidas al orden de amor con que fueron creadas, el hombre debe reconocerlo y, a veces incluso, buscarlo con sencillez de corazón para poder aceptarlo y unirse a él. Con las palabras que acabamos de citar del evangelio según San Lucas, descubrimos la invitación de Jesús a confiar en Dios, en este caso, a confiar en la Providencia encarnada en su mismo Hijo. El dolor, la cruz, el sufrimiento, el abandono que todo hombre experimenta se ordena, cuando es aceptado con sentido sobrenatural, a una mayor cercanía con la voluntad de Dios, con el mismo designio que ha querido que todas las cosas sean de una forma determinada.

En esta misma línea de pensamiento se enmarcan las recomendaciones del Señor para todos aquellos que quieren seguir sus huellas en la tierra.

> Entonces dijo a sus discípulos: Si alguno quiere venir en pos de mí, niéguese a sí mismo, tome su cruz y sígame;
>
> Mt 16, 24-5.

O también, como en otros pasajes, que el Señor habla de la ligereza de su carga:

> …pues mi yugo es suave y mi carga ligera.
>
> Mt 11, 30.

Sólo aquel que descubre, en el momento de la cruz, la fuerza inagotable de la providencia divina, está en condiciones de seguir de verdad a Cristo, al Hijo que en los momentos más dolorosos de la existencia se abrazaba con amor a los mandatos de su Padre Dios.

Abandonado de los suyos, en los momentos más pesados de su ministerio al servicio de la humanidad, Jesús se inclina a orar, con mayor intensidad, acogiendo la Voluntad paterna, ahora más clara que nunca, porque es el momento de la realización, de la consumación definitiva. Jesús pide a su Padre que pase de él ese cáliz de entrega total y eterna, porque su carne, su voluntad humana se rebela ante el sacrificio. Pero la confianza en el poder de Dios es mucho mayor y, si bien sabe qué prueba le espera, también es consciente del poder de Dios para superarla.

> Pero no se haga mi voluntad, sino la tuya.
>
> Lc 22, 42.

En Cristo, los cristianos aprenden la confianza en su padre Dios. No hay nada para un cristiano que no provenga de la mano amorosa de Dios, porque ni siquiera los momentos más duros de la existencia están alejados de la voluntad de Dios.

> Todo coopera al bien de los que aman a Dios.
>
> Rom 8, 28[50].

Omnia in bonum! La existencia del cristiano se mueve siempre en el plano de la voluntad de Dios, sean cuales fueren las circunstancias en las que se desenvuelven sus proyectos. El requisito que recuerda el Apóstol es el amor de Dios, es decir, mantenerse dentro de la condición que deriva de haber sido adoptados como hijos de Dios. Sin ella no es posible agradar a

---

[50] El Catecismo recoge en el n. 313 cita aludiendo a este pasaje de la Escritura la carta que escribe Santo Tomás Moro, poco antes de su martirio, para consuelo de su hija: «Nada puede pasarme que Dios no quiera. Y todo lo que Él quiere, por muy malo que nos parezca, es en realidad lo mejor».

Dios, y mientras el cristiano actúe en su horizonte, las cosas se ordenan siempre al amor.

La prueba, no lo niego, resulta demasiado dura: tienes que ir cuesta arriba, a «contrapelo».

—¿Qué te aconsejo? —Repite: *omnia in bonum!*, todo lo que sucede, «todo lo que me sucede», es para mi bien... Por tanto —ésta es la conclusión acertada—: acepta eso, que te parece tan costoso, como una dulce realidad.

SAN JOSEMARÍA, *Surco,* n. 241.

Como en el ejemplo de Jesucristo, los santos ante las adversidades más extremas, no dejan de invocar a Dios y a su poder, para que puedan verse libres de la amenaza, pero sobre todo para que se cumpla el designio amoroso de Dios. Por eso no tienen temor ante el dolor ni la muerte, ya que las adversidades de la tierra no pueden más que unirles al cuerpo doliente del Señor.

El caso de la muerte es el ejemplo definitivo. En la percepción meramente humana del fenómeno de la muerte, el hombre cree descubrir el final de la historia personal. Delante de ella parece que se ha producido el ocultamiento definitivo de la mano de Dios que nos abandona al destino de la materia, de lo caduco. Sin embargo en ella se da el más hondo encuentro con el plan eterno de Dios. Cuando desaparece todo posible aliciente creado y sólo se da el espacio amoroso de Dios —la fuente de toda providencia—, el hombre se ve envuelto en la más poderosa acción de Dios. Entonces la acción de Dios ya no se muestra a través de las cosas que han sido creadas, sino directamente, en el abrazo definitivo de Dios al hombre que confía en Él.

Capítulo VI
EL PROBLEMA DEL MAL EN LA CREACIÓN

Una de las principales objeciones, levantadas contra la fe en la Providencia divina, es el fenómeno de la existencia del mal en el mundo. Se trata, ciertamente, de una realidad innegable, fácilmente constatable para todos los hombres en su trayectoria vital, tanto en el ámbito de su experiencia personal como en la vida de las naciones. En efecto, son múltiples las ocasiones en que el mal se ha presentado, a lo largo de la historia de los hombres, con unos rasgos descomunales, con una fuerza y un poder que parecen provenir de un poder superior. ¿De dónde procede este poder que hace batalla al orden inicial de la Creación? ¿Viene de Dios o responde a un poder exterior a él?

El mal, un fenómeno multiforme en la vida del hombre

Enumerar, dentro de la Creación, dónde se encuentra la realidad del mal no es una empresa costosa. En primer lugar, el ser humano advierte la existencia de un mal que proviene de la Naturaleza. Son todos aquellos fenómenos que, a veces con una potencia muy grande, se levantan contra las vidas humanas inocentes. Ya en el s. XVIII, el filósofo deísta Voltaire[51] creía ver en las fuerzas naturales del terremoto que asoló Lisboa, la prueba palmaria de cómo Dios puede ser considerado autor de la Creación pero no como providente de su obra, ya que no puede hacer nada porque los desastres naturales no afecten a la vida del hombre.

El mal en este caso se entiende desde una perspectiva antropocéntrica, es decir, en cuanto que afecta al ser humano. El hecho es que el hombre tiende a ver en esos fenómenos el rostro del mal, aun cuando se trate como es lógico de fenómenos naturales: riadas que destruyen construcciones humanas, ciclones que asolan periódicamente partes del planeta, terremotos como el de Lisboa que se llevan por delante tantas vidas humanas, etc.

Es comprensible que el hombre vea todas estas realidades como obras del mal. El hombre quiere naturalmente vivir, y vivir con unas condiciones adecuadas desde el punto de vista material, de modo que cualquier atentado contra esta situación se valora como dañino y malvado, sobre todo si afecta a la supervivencia del hombre, el valor más preciado para él. En el plano natural, el verdadero mal que el hombre se encuentra en la vida es la falta de ella, la muerte, ante la cual todos los demás males se consideran en menos porque no son ausencia total de bien como sucede en la muerte, que golpea a la conciencia del hombre con su misterio. Ante la muerte el hombre sabe que se encuentra en el final. No cabe revolverse, ni siquiera atenuarla. Se impone con toda la contundencia de lo inequívoco, más aún, de lo inexorable. Humanamente hablando, ante la muerte, al hombre sólo le cabe callar...

Pero, ¿qué decimos exactamente cuando hablamos del mal? ¿Hay alguna manera de definirlo? Ciertamente son muchos los autores a lo largo de la historia del pensamiento que han reflexionado sobre él, y no nos faltan definiciones concretas que pueden servir-

---

[51] Filósofo francés de corte deísta, propugna la idea de un Dios ajeno a los avatares de la historia, porque es sólo un arquitecto de lo terreno pero no un Padre de lo creado.

nos para limitar conceptualmente la naturaleza del mal. Por ejemplo son clásicas las nociones de S. Agustín y de los filósofos neoplatónicos, para quienes el mal es la ausencia de un bien debido:

> El mal no es alguna naturaleza, sino que toma este nombre de un defecto del bien.
>
> S. AGUSTÍN, *Sobre la Ciudad de Dios*, XI, 9.

Santo Tomás de Aquino, en su tratado sobre el mal, que conocemos como «Cuestiones Disputadas sobre el mal», se mantiene en esta misma tradición de pensamiento y explica el mal también como una realidad que metafísicamente hablando no tiene consistencia en sí misma, pues necesita del bien para existir:

> «El ser malo no es algo, sino aquello a lo que le acaece ser malo es algo, en cuanto el mal priva de algún bien particular;»
>
> S. TOMÁS DE AQUINO, *Cuestiones sobre el mal*, t. II.

Estas definiciones del mal que nos proporcionan los autores clásicos se refieren al mal en general, a todo el problema del mal, cuando se analiza desde una perspectiva ontológica, o sea, desde el ser mismo de las cosas. En los apartados siguientes vamos a tratar del mal, pero restringido a una de sus principales variantes, el mal moral, diferente del mal físico, ya que desde el punto de vista espiritual es más importante el primero, el mal personal del hombre, que es siempre un mal interior en el ser del hombre, mientras que el segundo es el mal que se produce en la naturaleza física del mundo.

> Los ángeles y los hombres... pueden desviarse. De hecho pecaron. Y fue así como el mal moral entró en el mundo, incomparablemente más grave que el mal físico.
>
> Catecismo de la Iglesia Católica, n. 311.

El mal físico no siempre proviene del hombre, aunque en ocasiones se presentan unidos los dos tipos de males. El mal moral por el contrario responde siempre a una decisión libre de las criaturas, que por diversas razones, pueden preferir su propio bien al querido por Dios. Por tanto, como han insistido los autores cristianos, Dios no puede ser causante, ni de forma directa ni siquiera indirecta, del mal moral (cfr. S. Agustín, *Sobre el libre arbitrio*, 1, 1, 1; S. Tomás de A., S. Th., 1-2, 79, 1).

El comienzo del mal, según la Escritura

¿Qué dice la fe cristiana ante esta realidad descorazonadora? ¿Podemos mantener la confianza en un Dios creador y providente, infinitamente bueno, cuando a nuestro alrededor hay constantes pruebas de la negación del bien?

Debemos reconocer que el hombre, a pesar de tantos descubrimientos y avances en los más variados terrenos, cuando se enfrenta con el mal, y sobre todo con la muerte, se encuentra ante uno de sus enigmas supremos. Como decía San Agustín, uno de los grandes pensadores del Occidente cristiano que trataron sobre el problema del mal,

> buscaba el origen del mal y no encontraba solución[52].
>
> S. AGUSTÍN, *Confesiones*, VII, 11.

Por eso, todas las religiones, junto con la filosofía, han procurado siempre dar una solución a estos misterios y lo han hecho desde varias perspectivas. También la Escritura tiene una respuesta a este misterio, una respuesta de mayor envergadura porque es Palabra de Dios, y hemos de considerarla en primer

---

[52] *«Quaerebam unde malum et non erat exitus»*, *Confessiones* 7, 1.11.

lugar si queremos comprender mejor el sentido de la realidad del mal y de la muerte.

Es muy impactante, a decir verdad, cómo las Escrituras explican el origen del mal en el mundo. Se trata de un comienzo que se sitúa muy cerca de la Creación del hombre. Pero, a diferencia de las filosofías y religiones de carácter dualista, o sea, aquéllas que dividen en dos principios todo lo creado —uno bueno y otro malo—, el relato del Génesis es claro en la afirmación de un único origen para todas las cosas, que es el Creador. La afirmación es rotunda en toda la Escritura: Dios es el Creador y de Él sólo proviene el bien, sin confusión alguna con el mal. «Y vio Dios», recordábamos en los primeros capítulos, «que todo era bueno».

> Y vio Dios que, cuanto había hecho, era bueno[53].
>
> Gn 2, 23.

Todo lo creado, por el mero hecho de ser creado, es bueno, puesto que todo ha salido de las manos amorosas de Dios. El mal, por tanto, procede de otro principio y no de Dios.

Según la Escritura, con toda claridad, el comienzo del mal no se encuentra en el origen divino de las cosas, sino en la acción libre de la criatura, que voluntariamente acepta o rechaza el plan propuesto por Dios en el momento de la Creación, puesto que el mal aparece como decíamos muy cerca de los orígenes del hombre.

El relato del Génesis y el mal en el mundo

Es el libro del Génesis, al relatar la Creación, el que aborda por primera vez en la Biblia el problema del mal. El contexto, se ha dicho, es el de la absoluta bondad de todo lo creado. ¿De

---

[53] Otros pasajes parecidos: Génesis, 3, 14; 4, 1.

dónde proviene entonces, desde esta perspectiva, el origen del mal? Volvamos entonces al texto sagrado y releamos la historia de los orígenes del mal. Es un texto lleno de imágenes, que son muy gráficas sobre el comienzo de la historia del hombre[54].

Allí se nos narra, en la parte dedicada a la Creación del hombre, más concretamente en el capítulo tercero del Génesis, un misterioso acontecimiento, en que intervienen el hombre y la mujer —es una de sus primeras apariciones en el relato del Génesis—, y también, continuando con un género literario de tipo alegórico, lleno de figuras, aparece un animal, el más astuto de los animales del campo: la serpiente, que ya viene caracterizado con rasgos fácilmente asimilables a la imagen que habitualmente el hombre tiende a asignar al mal, incluso en la forma más coloquial y vulgar: aparece un engaño, motivado por la envidia del bien, aparece también la tentación y el deseo de rebelión de la criatura ante el Creador...

Aunque es criatura y, por tanto, también proviene de Dios, la serpiente representa al diablo, que está presente de forma misteriosa en el cosmos, y que empuja en una dirección contraria al Creador. Nos lo relata muy gráficamente el libro del Génesis:

> La serpiente era el más astuto de todos los animales del campo que había hecho el Señor Dios, y dijo a la mujer: —¿De modo que os ha mandado Dios que no comáis de ningún árbol del jardín?
>
> Gn 3, 1-2

Más adelante el texto revelado aclara la identidad de la Serpiente, como un poder no impersonal, sino netamente defi-

---

[54] Para más aclaraciones sobre la naturaleza de este relato (Génesis, 3, 1-11), conviene dirigirse al Catecismo de la Iglesia Católica, cfr. n. 390. Con este episodio la Biblia nos explica que el origen del mal no es Dios, sino el pecado de ángeles y hombres.

nido, con un designio voluntario de separar al hombre de la voluntad divina y, más genéricamente, de luchar denodadamente contra el plan general de Dios, de modo que el nombre que se le otorga en otros pasajes de la Escritura: el «Maligno», tiene todo el sentido de una encarnación personal del mal.

No es fácil entender en toda su hondura este misterio del mal primigenio, anterior incluso a la realidad del pecado personal cometido por los hombres, en cuya dirección aparece claramente presentado en el relato del Génesis. El hombre no inventa el mal pero sí se deja seducir sin considerar la trascendencia de este acontecimiento en la historia de la humanidad. Con la ayuda de las explicaciones del Catecismo de la Iglesia podemos desentrañar el rico significado que contienen estas páginas de la Escritura[55]:

> El hombre, tentado por el diablo, dejó morir en su corazón la confianza hacia su creador (cfr. Gn 3, 1-11) y, abusando de su libertad, desobedeció al mandamiento de Dios. En esto consistió el primer pecado del hombre (cfr. Rom 5, 19). En adelante, todo pecado será una desobediencia a Dios y una falta de confianza en su bondad.

El Catecismo nos recuerda el significado del primer pecado del hombre. Con la imagen de la serpiente, el texto nos habla de la primera tentación y de la primera rebelión del ser humano ante su Creador y la Creación. No es un pecado debido a la concupiscencia, que se encuentra plenamente unida a la razón, sino una negación fría y orgullosa de la razón que quiere separarse de los planes de Dios. Entonces, el mal aparece en la historia del hombre como una decisión desobediente y despreciativa de la voluntad de Dios, como de modo parecido se dará después en cada pecado del hombre.

---

[55] Cfr. Catecismo de la Iglesia Católica, n. 397.

El pecado es el mal radical, el origen de todos los males

Ya desde el origen, el hombre tenía conciencia de su relación íntima y profunda con su Creador, con quien, nos dice la Escritura, podía pasearse incluso al caer la tarde (ref. Gn 2, 10-4), conversando como hacen dos buenos amigos. Pero ante el mal que se presenta con intención falsa, el hombre sucumbe sin un especial esfuerzo por rechazar la tentación. De Dios, el hombre se separa para unirse a las criatura, invirtiendo el orden natural de las cosas creadas, que debería ser: Dios, primero, y luego todo lo demás. Como decía Santo Tomás, el pecado, que es el mal moral y religioso por despego hacia el Creador, consiste en una inclinación a las criaturas de forma desordenada:

Aversio a Deo, et conversio ad creaturas[56].

S. TOMÁS DE AQUINO, S. Th., III, q. 86, a.4, ad 1.

Pero todo pecado es ofensa a Dios, como nos advierte el Concilio Vaticano II, en la constitución Sacrosanctum Concilium, n. 109, y como lo ha vuelto a recordar Juan Pablo II, en la encíclica *Veritatis Splendor*, n. 70.

Las imágenes simbólicas de la Escritura nos hablan con tremenda fuerza expresiva de la tentación del mal, entendido sobre todo en el orden religioso. La tentación, que es la insinuación del mal, consiste en la posibilidad que se presenta a cada persona de desobedecer a Dios. Su anzuelo será la bondad limitada de las criaturas, que se presenta, ante la conciencia del hombre, llena de atractivo y satisfacción. No en vano, el hombre ha sido hecho para el bien y no puede dejar de quererlo,

---

[56] La cita es una de las más conocidas definiciones sobre el pecado. Se encuentra también en S. Th. I-II, q. 71, a.6 y ha sido muchas veces recogida en el Magisterio eclesiástico: CCE, nn. 1850 y 1855; JUAN PABLO II, *Reconciliatio et Poenitentia*, n. 17.

pero sabe que los bienes guardan una relación entre ellos que se debe respetar, si uno quiere mantener la consistencia de ese bien al asumirlo por su querer. En la tentación, en cambio, el hombre, por debilidad, por precipitación o también por malicia, antepone sus leyes y designios a la Bondad plena del Creador, destruyendo la relación inherente de cada bien con los demás bienes de la existencia del hombre.

> La serpiente dijo a la mujer:
> —No moriréis en modo alguno; es que Dios sabe que el día que comáis del árbol que os ha prohibido, se os abrirán los ojos y seréis como dioses, conocedores del bien y del mal.
>
> Gn, 3, 4-5.

En el comienzo de la historia del mal y del pecado la tentación más honda es la de «ser como dioses». La vida del hombre se mueve así entre dos posibles elecciones, o bien el orden de las leyes de Dios, que es la buena divinización porque consiste en asemejarse al Creador, que ha hecho todo bien, o bien el amor a sí mismo, que es un orden posible para las cosas y para la vida del hombre, pero que desemboca en la falsa divinización, esto es, en hacerse como dioses, ya que en esa situación el hombre cree que no debe rendir cuentas a nadie: se ha erigido en señor de su propia vida y destino.

> La desobediencia significa, precisamente, pasar aquel límite que permanece insuperable para la voluntad y la libertad del hombre como ser creado. El hombre no puede decidir por sí mismo lo que es bueno y malo, no puede conocer el bien y el mal como si fuera Dios.
>
> JUAN PABLO II, *Dominum et Vivificantem*[57], n. 33.

---

[57] Es la encíclica de Juan Pablo II dedicada al Espíritu Santo.

El pecado, que es el verdadero mal porque de él provienen los demás males en el mundo, origina una cadena que parece interminable de males, entre los que se encuentra también muchas veces el mal físico. Como explica la Escritura, aunque el pecado se remonte a varias décadas, los efectos del mal se perciben también en las generaciones siguientes, porque las consecuencias del pecado son devastadoras: envidia, sufrimiento, dolor, penas, tristeza, corrupción, ceguera, frialdad de corazón, etc.

Particularmente aguda es la conciencia del mal como consecuencia del encuentro del hombre con el dolor, sea del tipo que sea: físico, moral, espiritual... El hombre ante el dolor se siente desarmado, sin fuerzas, con una gran dificultad para superarlo con las luces solas de la razón, y percibe la limitación de su libertad creada. Se comprende entonces que la Revelación haya querido iluminar la profunda unión con la Cruz de Cristo que subyace al problema del dolor:

En sus llagas hemos sido curados.

Is 58, 4-5.

Cristo nos redime y nos salva a través de la Cruz; desde ese momento el hombre puede descubrir la fuente de bien y salud que esconde el dolor. Porque el sufrimiento, para una persona, puede ser positivo o negativo, según la disposición interior que tenga ante él: es lacerante y destructivo, si el hombre ve comprometido su amor propio, su deseo egoísta de satisfacción, pero es redentor y purificador del alma si, como Cristo, se recibe en ofrenda de agradable entrega a la voluntad y amor divinos.

Juan Pablo II ha querido tratar este tema por extenso en un documento que se ha vuelto referencia fundamental en la Iglesia a la hora de presentar la doctrina cristiana sobre el dolor, la Carta Apostólica «Salvifici doloris». Allí el Santo Padre expone esta materia con su profundidad habitual, y concretamente, acerca de la relación de dolor y redención humana, nos dice:

> La cruz de Cristo arroja de modo muy penetrante luz salvífica sobre la vida del hombre y, concretamente, sobre su sufrimiento, porque mediante la fe lo alcanza junto con la resurrección: el misterio de la pasión está incluido en el misterio pascual. Los testigos de la pasión de Cristo son a la vez testigos de su resurrección.
>
> JUAN PABLO II, Carta Apostólica *Salvifici doloris*, n. 21.

El dolor y el sufrimiento, en sí mismos considerados, son males ciertamente: no fueron queridos originariamente por Dios al crear el mundo; pero gracias al valor redentor y purificador de la Cruz de Cristo, se han convertido en medios muy útiles para nuestra rectificación y progreso espiritual. Cuando el hombre, por la fe y el amor se une a la vida del Señor, todas sus dimensiones humanas son elevadas y, por eso, el dolor humano, cuando se une al sufrimiento de la Cruz, deja de ser un acontecimiento de tormento para la persona, para adquirir a cambio un gran valor de purificación, expiación y redención, procedente del sacrificio de Cristo.

Capítulo VII

LOS ÁNGELES, SERES ESPIRITUALES Y CRIATURAS CREADAS POR DIOS

Las criaturas queridas por Dios presentan una gran variedad de naturalezas. Contemplamos la existencia de seres inertes, como las montañas o las rocas, sin vida ni movimiento, y otros dotados de grandes facultades sensibles y corporales, como los mamíferos o los anfibios. También creó Dios seres inmateriales, que en el lenguaje de la Escritura, conocemos como los ángeles; si se trata de ángeles caídos, la Escritura suele usar el término «demonios».

La existencia de los ángeles es una gozosa verdad de fe

Como nos dice el Catecismo de la Iglesia Católica, haciéndose eco de la tradición constante de la vida cristiana, la existencia de los ángeles es una verdad de fe, que lógicamente no está al alcance de la mera razón, aunque algunas realidades de la Creación apunten a ellos:

> La existencia de seres espirituales, no corporales, que la Sagrada Escritura llama habitualmente ángeles, es una verdad de fe. El testimonio de la Escritura es tan claro como la unanimidad de la Tradición.
>
> Catecismo de la Iglesia Católica, n. 328.

También es verdad de fe la existencia de los demonios, a quienes se hace referencia en tantos lugares de la Escritura: Jesús los combate en muchos pasajes (Mc 2, 1ss), se recogen los exorcismos del Señor como una de sus actividades inherentes al Reino de Dios, etc.

En efecto, todas las generaciones de cristianos han conocido y vivido con la fe en estos seres sobrenaturales, y han acudido con confianza y devoción a los ángeles, queridos por Dios desde el comienzo de la Creación, para recibir apoyo y luz sobrenatural en el camino de la santidad. Podemos recordar el testimonio de tantos santos que, gracias al trato asiduo con los ángeles, se han visto fortalecidos y animados contra las dificultades propias de la ascensión hacia el amor de Dios.

San Agustín, por ejemplo, consideraba que el papel de los ángeles radica principalmente en servir de intermediarios entre Dios y los hombres, gracias a los cuales se hacía realidad la voluntad divina en este mundo (cfr. *Enarrationes in Psalmos*, n. 103, 20).

Con una familiaridad que se remonta a los primeros cristianos, los creyentes tratan de continuo a los seres celestiales: a los santos, a los ángeles, a santa María y su esposo san José, a Cristo glorioso y Dios Trinidad, de modo que no dejan de tener su «conversación en los cielos». Nos lo explica San Basilio, uno de los grandes autores del cristianismo oriental, que vivió en la región de Capadocia (actualmente Turquía) en el siglo IV:

> Del Espíritu Santo proviene el conocimiento de las cosas futuras, la inteligencia de los misterios, la comprensión de las verdades ocultas, la distribución de los dones, la ciudadanía celeste, la conversación con los ángeles[58].

San BASILIO, *Sobre el Espíritu Santo*, 9, 23.

---

[58] Es una cita de San Basilio recogida por San Josemaría en la homilía «El Gran Desconocido», en *Es Cristo que pasa*, n. 133.

Los ejemplos se podrían multiplicar y llegaríamos a la conclusión de que, en la vida de los santos, siempre ha estado muy presente la relación con los ángeles que Dios ha querido poner a nuestro lado durante el curso de la vida terrena. En el lado contrario, al que no hacemos más referencia, se encontraría la lucha contra los poderes del Maligno y de sus seguidores, que combaten a los hombres para que no alcancen la bienaventuranza definitiva.

Naturaleza y misión de los ángeles

Es normal que al oír hablar de los ángeles, experimentemos curiosidad, ya que no podemos conocerles a través de los sentidos, como el resto de las cosas de este mundo. Y la pregunta nos asalta enseguida: ¿quiénes son los ángeles? ¿Cuál es su naturaleza? ¿Por qué tienen encomendada esta misión de asistencia a los hombres? Veamos con más detalle el sentido con que el Magisterio de la Iglesia no ha dejado de pronunciarse acerca de la vida de los ángeles.

> En tanto que criaturas puramente espirituales, tienen inteligencia y voluntad: son criaturas personales e inmortales (cfr. Lc 20, 36).
> Catecismo de la Iglesia Católica, n. 333.

La cita del Catecismo se inspira en las explicaciones del Papa Pío XII sobre el ser de los ángeles[59]. En ellas se nos enseña acerca de la realidad personal de los ángeles. Son criaturas, como las demás, dotadas de un ser de carácter personal, es de-

---

[59] Cfr. *Denzinger* 3891. Otras referencias magisteriales importantes para este tema son el Concilio IV de Letrán y el Vaticano I, pues en ellos se define como verdad de fe la existencia de los ángeles.

cir, que entiende y quiere, aunque a diferencia del ser humano es totalmente espiritual. No hay en ellos composición de materia y espíritu, sino sólo ser espiritual.

A través de nuestro conocimiento de la persona humana, podemos aproximarnos a la realidad personal de los ángeles. Participando de inteligencia y voluntad, decíamos, los ángeles se relacionan con las demás criaturas, incluidos los hombres, y especialmente se relacionan con el Creador, con quien tienen una comunicación de entendimiento y amor de un modo que los hombres sólo podemos intuir lejanamente. Con el entendimiento y la voluntad, los ángeles conocen y aman lo creado. Son seres puramente espirituales, sin mezcla alguna de materia. Por eso el Catecismo de la Iglesia Católica habla también de la inmortalidad como una de sus características esenciales (CCE, n. 333).

Al no estar compuestos por nada material no hay posibilidad de descomposición ni, por tanto, de muerte, aunque en ocasiones se manifiestan a los hombres de forma visible y lo hacen adoptando la imagen humana (a Zacarías, a la Virgen, a los pastores y un largo etc. en ambos Testamentos). De aquí que se pueda decir, como lo hace el Catecismo un poco más adelante, que los ángeles están por encima, desde el punto de vista de su ser natural, de todas las demás criaturas:

> Los ángeles superan en perfección a todas las criaturas visibles. El resplandor de su gloria da testimonio de ello, como se cuenta en la visión de Daniel (Dn 10, 5-6).
>
> Catecismo de la Iglesia Católica, n. 333.

Ocupan por tanto un puesto importante en la Creación, máxime cuando sabemos, por los datos que proporciona la Escritura, que Dios ha querido encomendarles a algunos de ellos una de las misiones más importantes asignadas a los seres creados: dirigir la vida de los hombres en la dirección de la voluntad del Creador.

Los ángeles, en verdad, son una de las manifestaciones más altas de la gloria de Dios, pues en ellos el hombre aprecia la altura y grandeza del poder divino que los ha creado. A esto se refiere la visión mencionada del profeta Daniel.

> Vi esto: Un hombre vestido de lino, ceñidos los lomos de oro puro: su cuerpo era como de crisólito, su rostro, como el aspecto del relámpago, sus ojos como antorchas de fuego, sus brazos y sus piernas como el fulgor del bronce bruñido, y el son de sus palabras como el ruido de una multitud.
>
> Dn 10, 5-6.

Con estas imágenes terribles, se expresa la potencia y el fulgor divino que trasluce el ángel en su aparición celeste. No hay en la tierra ningún ser que se pueda parangonar en potencia, capacidad y luz con las criaturas angélicas, y por eso Dios les confía un papel tan especial e importante en el caminar del hombre sobre la tierra, aunque es preciso dejar bien sentado que la existencia y naturaleza de los ángeles está más allá de las posibles tareas que el Creador haya querido encargarles en la historia de la salvación. Junto con los ángeles que han desempeñado tareas muy importantes en beneficio de los hombres, encontramos otros en la Escritura que viven exclusivamente para la alabanza y el honor de Dios, y otros oficios que no revierten de forma inmediata en la vida de los hombres.

Creado muy por encima de las capacidades humanas, el ser de los ángeles nos habla de la profundidad del designio divino en su Creación. Más aún, considerando la existencia de estos seres que en cierto modo se encuentran a su servicio, el hombre descubre que él no es la cumbre de la Creación, ni el fin de todo lo creado, ya que muy por encima de él se encuentran los Tronos angélicos, que son asientos de la gloria y de la Sabiduría, las Potestades, o sedes del poder angélico, los Principados angélicos, etc..., de los que nos habla el apóstol San Pablo, siguiendo las tradiciones y devociones del pueblo de Israel[60].

Es claro que la vida sobre la tierra está llamada a trascenderse en una luz y potencia superiores como se dan de forma natural en la vida de los ángeles. Sin embargo, cuando decimos «ángel» la referencia no recae primariamente en su naturaleza, como muy acertadamente les decía San Agustín a sus oyentes, puesto que la Escritura usa el sustantivo «ángel» como un oficio, o sea, como una misión, ya que el término está tomado del encargo antes que de su naturaleza. Propiamente hablando, son espíritus que al recibir el encargo de atender a los hombres, pueden ser llamados ángeles o enviados. Por su oficio, son enviados a los hombres para que transmitan el mensaje de Dios a los hombres y, así, se encuentren con indicaciones claras y específicas de la voluntad de Dios en el caminar terreno.

> El nombre de ángel indica su oficio, no su naturaleza. Si preguntas por su naturaleza, te diré que es un espíritu; si preguntas por lo que hace, te diré que es un ángel.
>
> SAN AGUSTÍN, *Comentario sobre los Salmos*, n. 103, 1, 15.

En efecto, leyendo con atención la Escritura, podemos concluir que los ángeles son «servidores»; están al servicio de la misión que se les ha confiado y para la que existen, al menos los ángeles que han sido destinados a servir directamente a los hombres. Con todo su ser se dedican, recuerda San Agustín, al oficio de ser mensajeros de Dios hacia las criaturas que, como les sucede a los hombres, necesitan de un progreso paulatino en el ascenso hacia Dios.

La misión de los ángeles está originada en los mandatos específicos de Dios para ellos. Ellos están siempre atentos a esta

---

[60] Cfr. Colosenses 1, 15.

palabra, que es la expresión de la voluntad de Dios, para poder servirla con presteza. Ellos son los agentes de sus órdenes para que se hagan realidad en el mundo, que muchas veces está cerrado a la voluntad de Dios. Como servidores y mensajeros se entregan a la gran tarea del Reino de Dios en la tierra, con la colaboración de tantos santos, tantos hombres y mujeres que ya aquí en la tierra han descubierto por la fe la posibilidad de vivir como ángeles[61].

La misión de Cristo, arropada por los ángeles

La Escritura nos presenta en la vida de Cristo una clara presencia de la actividad de estos mensajeros divinos. En pasajes precisos se reconoce una estrecha colaboración de los ángeles en la vida de Jesús. Más aún, en el decir de los textos neotestamentarios, Cristo aparece en el mismo centro del mundo de los ángeles (cfr. Catecismo de la Iglesia Católica, n. 331). Así lo expresa San Mateo, haciendo alusión a la vuelta del Señor al final de los tiempos, cuando venga a juzgar al mundo:

> Cuando el Hijo del hombre venga en su gloria, acompañado de todos sus ángeles...
>
> Mt 25, 31.

La imagen a que alude el evangelista corresponde a Cristo triunfante que, en la plenitud de su poder, viene a la tierra a recibir todo lo que es suyo. Para realzar la potestad divina de Jesús glorioso, se recurre a los coros angélicos, que rodean como

---

[61] Como dice San Agustín, en una cita del Catecismo: «Con todo su ser, los ángeles son *servidores y* mensajeros de Dios. Porque contemplan «constantemente el rostro de mi Padre que está en los cielos» (Mt 18, 10), son «agentes de sus órdenes, atentos a la voz de su palabra» (Sal 103, 20).

una corte de gloria y majestad la figura del Señor. Todo el poder, toda la gloria, que pertenecen a Cristo, Señor del Universo, queda patente en la alusión al dominio de Cristo sobre las potestades angélicas, por naturaleza superiores a los hombres.

No debe extrañarnos la grandeza de honor y poderío con que nos habla la Escritura de Cristo glorioso. Si bien es cierto que en su paso por la tierra no ha brillado su esplendor divino, salvando algunos momentos aislados, como la Transfiguración o los milagros más patentes de su ministerio, el pensamiento cristiano de los primeros siglos, empezando por el mismo San Pablo, había descubierto la estrecha relación existente entre la Creación del mundo y la perfección de Cristo.

> «Porque en él fueron creadas todas las cosas, en los cielos y en la tierra, las visibles y las invisibles, los Tronos, las Dominaciones, los Principados, las Potestades: todo fue creado por él y para él.»
>
> Col 1, 16.

De nuevo volvemos a encontrarnos con los ángeles sometidos al poder de Cristo. Las expresiones de San Pablo no dejan lugar a dudas. Al ser Cristo el modelo de todo lo creado, en quien todas las cosas subsisten y han sido creadas, hay una fuerte tensión de todo cuanto existe hacia la meta en que han sido ordenadas todas las cosas. Por eso San Pablo, hablando a un público judío y, por tanto, familiarizado con las jerarquías angélicas, no duda en afirmar la dependencia respecto a Cristo. Los ángeles, en sus diversos grados —Jerarquías, Dominaciones, Potestades—, han sido creados, y ellos bien lo saben, para secundar la misión del Salvador. Le pertenecen porque sus existencias cobran sentido en relación con este papel subsidiario de la historia de la salvación, al que se comprometen con todas sus fuerzas y capacidades, para que termine reinando su Señor sobre cuanto ha sido creado.

La lucha de los demonios en la historia de la salvación humana

Podemos encontrar a los ángeles cumpliendo una misión dentro del plan más general del designio divino sobre todo lo creado, desde el mismo origen de la Creación. Allí son denotados con una expresión a la que el Nuevo Testamento hará referencia con gusto: «los hijos de Dios», según la fórmula que podemos encontrar, por ejemplo, en el libro de Job, si bien es una terminología familiar en todo el Antiguo Testamento[62].

Los ángeles, como seres vivos en plena unión con su Creador, han sido constituidos en verdaderos hijos de Dios, salvo los ángeles que traicionaron la vocación a la unión plena con Dios, esto es, Satanás, como se llama a veces al Diablo en el Nuevo Testamento, y todos sus seguidores, los demonios. Vamos a detenernos un poco en estos seres que ocupan un puesto importante en la Revelación divina.

Al origen de los demonios, que en un inicio fueron ángeles con todas las prerrogativas de su naturaleza angélica, se alude en la Escritura con la expresión de una «caída», cuyo eco se prolonga en la tentación de nuestros primeros padres y en las tentaciones del hombre sobre la tierra.

> La Escritura habla de un pecado de estos ángeles (2 Pe 2,4). Esta «caída» consiste en la elección libre de estos espíritus creados que rechazaron radical e irrevocablemente a Dios y su Reino. Encontramos un reflejo de esta rebelión en las palabras del tentador a nuestros primeros padres: «Seréis como dioses» (Gn 3, 5).
>
> Catecismo de la Iglesia Católica, n. 392.

En otras ocasiones el Magisterio ha enseñado el mismo origen de los ángeles y los demonios como criaturas de Dios y por

---

[62] Cfr. Job 38, 7.

consiguiente como buenos, pero el diablo y los demonios se hicieron malos por el mal uso de su libertad:

> El diablo y los otros demonios fueron creados por Dios con una naturaleza buena, pero ellos se hicieron a sí mismos malos.
>
> Concilio de Letrán IV[63].

Además, el pecado o caída de estos ángeles es irreparable, no admite vuelta atrás, porque para ellos ya no hay posibilidad de arrepentirse, como también le sucede al hombre una vez que ha traspasado el umbral de la muerte. Lo explica San Juan Damasceno, uno de los últimos Padres del Oriente cristiano, recogiendo la tradición secular de la Iglesia desde el comienzo:

> No hay arrepentimiento para ellos después de la caída, como no hay arrepentimiento para los hombres después de la muerte.
>
> S. JUAN DAMASCENO, *Sobre la fe ortodoxa*, 2, 4.

Es de fe que Dios excluyó inmediatamente a los ángeles rebeldes de la bienaventuranza sobrenatural a que estaban llamados, y los arrojó para siempre en el infierno.

Los ángeles caídos viven en la contumacia total de su pecado y por eso hacen guerra sin cuartel a las criaturas que todavía pueden merecer. El hombre conoce su influjo y tiene que acudir, como debían haber hecho desde el comienzo los primeros padres, a la fuerza de Dios y de los ángeles buenos para no dejarse tentar. Jesús en el Evangelio da ejemplo al cristiano de la fortaleza necesaria con que hay que resistir a la tentación, a la vez que nos muestra la limitación de la fuerza de Satanás cuando se combate desde el recurso a Dios:

---

[63] Año 1215: D 800.

Sin embargo, el poder de Satán no es infinito. No es más que una criatura, poderosa por el hecho de ser espíritu puro, pero siempre criatura: no puede impedir la edificación del Reino de Dios.

Catecismo de la Iglesia Católica, n. 394.

Pero fuera de los malvados, los ángeles viven de la cercanía a Dios, que funda la condición de hijos del Altísimo. La existencia de ellos es plenamente a lo divino, esto es, participada de la misma vida de Dios. No son de su misma sustancia, evidentemente, puesto que son criaturas, pero sus pensamientos, sus deseos, sus movimientos de la voluntad, se encuentran regidos por la plena armonía con los designios de Dios para lo creado. Sólo cuando aparezca en la escena de lo creado el Hijo de Dios, los hombres podrán comprender una vida en el Espíritu que les hace también hijos de Dios, como era el caso de los ángeles desde el comienzo de su existencia.

La asistencia sobrenatural de los ángeles

Mientras tanto, los ángeles han ido preparando el camino de este momento tan singular en que Dios se hace presente en la historia de los hombres. Estaban presentes en el cierre del Paraíso terrenal, el orden terreno que Dios había previsto para la felicidad del hombre (cfr. Gn 3, 24); son enviados por voluntad expresa de Dios para ayudar a algunos hombres que estaban en peligro, como nos cuenta el relato de Lot y de Agar, en el mismo libro del Génesis (cfr. Gn 19; 21, 17), del mismo modo que es también un ángel el que detiene la mano de Abraham cuando estaba a punto de sacrificar a su hijo Isaac (cfr. Gn 22, 11). Si salimos del libro del Génesis, los encontramos cumpliendo otras misiones trascendentales en la historia de la relación entre Yahvé y su pueblo: están presentes en el camino del Éxodo, y conducen al pueblo como si fuera el mismo Dios quien estuviera guiando los pasos de sus creyentes; asisten con sus inspiraciones a los profetas (Is 6, 6), están presentes en el anuncio de grandes acontecimientos, como las vocaciones de algunos personajes decisivos en la historia de Israel (cfr. Jueces 6, 11-24), o como los nacimientos de los jueces que han de servir al pueblo con su ministerio de justicia y de piedad (cfr. Jueces c. 13).

Pero indudablemente es en el Nuevo Testamento, y en relación con las figuras que abren la Alianza con Dios a su etapa definitiva, cuando los ángeles ocupan un puesto verdaderamente singular en la historia de la salvación.

Por no citar más que algunos ejemplos contados, como hemos hecho anteriormente, podemos recordar con facilidad el papel del ángel Gabriel en la anunciación de Juan Bautista y de Jesús (cfr. Lc 1, 11-26).

> En el sexto mes fue enviado el ángel Gabriel de parte de Dios a una ciudad de Galilea, llamada Nazaret, a una virgen desposada con un varón de nombre José, de la casa de David, y el nombre de la virgen era María. Y habiendo entrado donde ella estaba, le dijo: Dios te salve, llena de gracia, el Señor es contigo.
>
> Lc 1, 26-8.

Como hemos visto para Israel, en la nueva era de la Alianza definitiva con los hombres, Dios se sirve de los ángeles para manifestar sus designios y llevarles adelante en medio de la historia humana. En muchas de esas ocasiones, los ángeles se muestran visibles a los hombres, como en este caso a María, y por medio de sus palabras mueven las voluntades y las inteligencias humanas en la dirección de los designios de Dios. De este modo se avanza en la Historia de la salvación, por medio de los hombres y mujeres que han sido fieles a Dios, y de las intervenciones poderosas de Dios y de sus emisarios los ángeles.

Si nos detenemos ahora en la vida de Cristo, tal como se relata en los Evangelios, descubrimos que siempre está rodeado de la adoración y del servicio de los ángeles[64]. Desde el momento del nacimiento en Belén, los ángeles cantan el himno de la gloria del Unigénito del Padre: «Gloria a Dios en el Cielo, y en la tierra paz a los hombres...» (cfr. Lc 2, 14), le protegen y le sirven en la infancia y en el desierto, cuando está preparando su misión pública (cfr. Mt 1, 20ss; Mc 1, 12), le asisten en los momentos más duros de su ministerio, en el Huerto de los Olivos, a punto de consumar su entrega sin condiciones a la voluntad de Dios (cfr. Lc 22, 43). Y volvemos a encontrarlos, por citar tan sólo algunos pasajes característicos, en el anuncio de la Resurrección de Cristo (cfr. Mc 16, 5-7).

Los ángeles en la vida de la Iglesia

El Catecismo de la Iglesia Católica, después de considerar el papel de los ángeles en la vida pública de Cristo, dedica un párrafo a la continuación del servicio angélico en la vida de los discípulos de Cristo, o más exactamente, en la vida de la Iglesia.

Motivos de asistencia no faltaban pues, como hay constancia en la Escritura, las dificultades eran imponentes. Sin embargo, la atención de los ángeles por la naciente vida de la Iglesia en los primeros decenios es constante y tremendamente eficaz. En efecto, son abundantes las citas de los Hechos de los Apóstoles que hacen referencia a la vida de comunión de los primeros cristianos con sus ángeles[65]. Ellos experimentan la ayuda «poderosa y misteriosa» de los enviados divinos, bastaría recordar como hace el Catecismo de la Iglesia, sus acciones a favor de los Apóstoles y de los primeros discípulos (cfr. Catecismo de la Iglesia Católica, n. 334).

---

[64] Cfr. Algunos textos de la Escritura: Hb 1, 6; Lc 2, 14; Mt 1, 20; etc.
[65] Cfr. Hch 5, 18-20; 8, 26-29; 10, 3-8; 12, 6-11; 27, 23-25.

También la Liturgia es testimonio elocuente de la estrecha comunicación entre los cristianos y las criaturas angélicas. Como ellos delante del trono del todopoderoso, la Iglesia entona a diario el canto de alabanza y honor a la santidad eximia del Creador:

> Santo, Santo, Santo es el Señor, Dios todopoderoso.
>
> Oración «Sanctus» del Misal Romano.

Así también, en otras muchas ocasiones, p. ej. en los oficios de difuntos, en las fiestas propias de los Ángeles, las oraciones de la Iglesia se unen a los himnos de gloria que constantemente profesan los ángeles ante el Creador.

Desde siempre, la vida de la Iglesia ha enseñado el recurso a los ángeles, para encontrar defensa y protección ante los enemigos de nuestra alma, especialmente por medio de la devoción a san Miguel (cfr. Catecismo de la Iglesia Católica, n. 336). Como dice San Basilio, un gran Padre espiritual de los primeros siglos de la Iglesia,

> Cada fiel tiene a su lado un ángel como protector y pastor para conducirlo a la vida.
>
> SAN BASILIO, *Contra Eunomio*, c. 3, v. 1.

Más recientemente, y saltándonos una lista, que sería interminable, de otros autores espirituales que han fomentado la devoción a los Santos Ángeles Custodios, san Josemaría nos habla en Camino del ángel que nos acompaña en nuestro caminar hacia el Cielo.

> Te pasmas porque tu Ángel Custodio te ha hecho servicios patentes. —Y no debías pasmarte: para eso le colocó el Señor junto a ti.
>
> SAN JOSEMARÍA, *Camino*, n. 565

Capítulo VIII

EL HOMBRE, UNO EN CUERPO Y ALMA, CREADO A IMAGEN DEL CREADOR

Poco inferior a los ángeles, como dice uno de los salmos (cfr. Sal 8), hizo Dios al hombre. En el relato de la Creación que se contiene en el libro del Génesis, la atención se concentra en el hombre, creado en el último día, en el sexto, después de que todas las cosas estuvieran ya terminadas. Como un precioso punto final de la Creación, el Génesis nos recuerda el singular puesto que Dios ha querido para el ser humano dentro del gran concierto de la obra de Dios.

¿Cuál es, pues, el ser que va a venir a la existencia rodeado de semejante consideración? Es el hombre, grande y admirable figura viviente, más precioso a los ojos de Dios que la Creación entera; es el hombre, para él existen el cielo y la tierra y el mar y la totalidad de la Creación, y Dios ha dado tanta importancia a su salvación que no ha perdonado a su Hijo único por él. Porque Dios no ha cesado de hacer todo lo posible para que el hombre subiera hasta él y se sentara a su derecha.

S. JUAN CRISÓSTOMO, *Sermón sobre el Génesis* 2, 1

El relato del Génesis sobre la Creación del ser humano

Como en tantas otras ocasiones, la Biblia emplea un lenguaje figurado para hablar de las realidades más profundas del hombre y del mundo. En páginas anteriores hemos podido familiarizarnos un poco con esta forma de proceder, que ahora nos va a ser muy necesaria, igualmente, para comprender el sentido espiritual y teológico con que fue escrito el texto de la Creación del hombre y la mujer.

> Cuando el Señor Dios hizo tierra y cielo, aún no había en la tierra ningún arbusto silvestre, y aún no había brotado ninguna hierba del campo, pues el Señor no había hecho llover sobre la tierra ni había nadie que trabajara el suelo, pero un manantial brotaba de la tierra y regaba toda la superficie del suelo.
>
> Gn 2, 4-6.

Este texto, semejante en estilo a otros que ya hemos considerado, nos sitúa, desde el punto de vista del *tempo* narrativo, en el momento anterior a la Creación del hombre. En él se aprecia, en primer lugar, la ausencia de muchas especies que son esenciales para la vida del hombre: no había árboles, ni arbustos, porque no había sido creada la lluvia. Sin ellas, quiere explicar el relato, el hombre no puede venir a la existencia. O en forma más clara, Dios crea todas estas variedades de seres pensando en la Creación del hombre.

La intención del autor es dibujar un retrato del mundo antes de que existan las especies vegetales, y por tanto la agricultura, que será consecuencia del trabajo humano. En este momento, Dios había creado ya el agua, con sus atributos naturales, y la había colocado como una fuente dentro del espacio de la tierra, a diferencia de otras aguas que estaban por encima de la tierra, es decir, la lluvia, o bien estaban en los mares, que también eran voluntad de Dios. Pero no había destinado una función específica a las aguas superiores que tendrán que fecundar la tierra, ni había plantas que sirvieran al hombre, porque previamente era necesario que Dios llamase al hombre a la existencia. El Génesis nos relata, a continuación, el momento de su formación.

> Entonces, el Señor Dios formó al hombre del polvo de la tierra, insufló en sus narices aliento de vida, y el hombre se convirtió en un ser vivo.
>
> Gn 2, 7.

Recurriendo al ejemplo del alfarero, del que ya hemos hablado en otros capítulos, el autor del Génesis nos explica el modo con que Dios ha creado al hombre. El polvo de la tierra es la materia básica de la que estaba constituida hasta ese momento la realidad terrenal. El hombre, por tanto, surge del mismo sustrato, podríamos decir, que es característico de cuanto existe en el mundo terrenal. El barro de la tierra, como sucede en las manos del artesano, es modelado por Dios hasta darle la forma adecuada, y el primer hombre, modelo de cuantos hayan de venir a la existencia, surge de la acción creadora de Dios. La materia, barro de la tierra, se deja manipular muy fácilmente, hasta que aparecen en ella los rasgos deseados. Dios, que es el alfarero, plasma en ella, con perfección, el ser acabado de la criatura. Junto a la forma viene el espíritu, el hálito de vida, sin el cual no dejaría de ser una criatura inerte, incapaz de sentir y de vivir: insufló en sus narices aliento de vida, y el hombre se convirtió en un ser vivo.

El hombre, unidad de cuerpo y alma

Pero podemos preguntarnos qué es este hálito de vida del que habla el Génesis. El pensamiento humano ha buscado, con la fuerza de la razón, un medio para perfilar de modo claro y sintético la naturaleza del hombre, con vistas a comprender el ser del hombre. La respuesta nos viene dada muy oportunamente en la Revelación divina.

> La persona humana, creada a imagen de Dios, es un ser a la vez corporal y espiritual. El relato bíblico expresa esta realidad con un lenguaje simbólico cuando afirma que «Dios formó al hombre con polvo del suelo e insufló en sus narices aliento de vida y resultó el hombre un ser viviente» (Gn 2,7). Por tanto, el hombre en su totalidad es querido por Dios.
>
> Catecismo de la Iglesia Católica, n. 362.

En primer lugar, es preciso explicar que el hombre es un ser «compuesto», como todas las criaturas, en cuanto que todas, por haber sido creadas albergan una estructura fundamental: su naturaleza, por la que son de una especie determinada, y su existencia concreta en este momento del tiempo, que es una realización particular de su esencia genérica. Pero el hombre, además, lleva en sí una composición del todo especial, pues es cuerpo y alma a la vez, es decir, lleva en sí un principio material por el que pertenece al mundo sensible, y también un principio espiritual, que anima su realidad material. También la Escritura ha recogido, en un sentido general podríamos decir, esta distinción fundamental de la vida humana:

> A menudo, el término *alma* designa en la Sagrada Escritura la vida humana (cfr. Mt 16, 25-26; Jn 15, 13) o toda la persona humana (cfr. Hch 2, 41). Pero designa también lo que hay de más íntimo en el hombre (cfr. Mt 26, 38; Jn 12, 27) y de más valor en él (cfr. Mt 10,28; 2 M 6,30), aquello por lo que es particularmente imagen de Dios: «alma» significa el principio espiritual en el hombre.
>
> Catecismo de la Iglesia Católica, n. 363.

Al principio material, por tanto, lo llamamos cuerpo; el hombre, a través de él, está unido al resto de los seres materiales. Y al principio inmaterial o espiritual, lo designamos, tanto en el lenguaje de la filosofía, como en el de la Escritura, con el término familiar de «alma».

Nos detenemos por un momento en las propiedades del alma. En primer lugar, el alma es inmortal porque es inmaterial y no puede sufrir corrupción como ya sabían los filósofos antiguos; además, es la sede de las potencias superiores del hombre, como la inteligencia, la voluntad, etc., gracias a las cuales el hombre goza de una de las propiedades más altas de su naturaleza: la libertad. El hombre es libre porque su vida está animada por un alma espiritual, y por tanto es capaz de las cosas superiores en el espíritu, como son el amor, a Dios y a lo creado, el entendimiento de lo que conoce por los sentidos y de las realidades de la fe...

> Uno en cuerpo y alma, el hombre, por su misma condición corporal, reúne en sí los elementos del mundo material, de tal modo que, por medio de él, éstos alcanzan su cima y elevan la voz para la libre alabanza del Creador. Por consiguiente, no es lícito al hombre despreciar la vida corporal, sino que, por el contrario, tiene que considerar su cuerpo bueno y digno de honra, ya que ha sido creado por Dios y que ha de resucitar en el último día.
>
> *Gaudium et Spes* 14, 1.

Dios es el autor tanto del cuerpo del hombre como de su alma. Pero siendo el alma el principio más alto de la vida humana, la relación con Dios es más profunda a través de ella:

> La Iglesia enseña que cada alma espiritual es directamente creada por Dios.
>
> Cfr. Pío XII, Enc. *Humani generis*, 1950: DS 3896; Pablo VI, Credo del Pueblo de Dios, 8.

De donde se puede concluir, como ha hecho en otras ocasiones el Magisterio, que el alma no es «producida» por los padres, y que es inmortal[66].

No por todo esto deja la Escritura y el Magisterio de valorar en mucho el cuerpo humano. Al revés, la condición de haber sido creados a imagen de Dios deriva no sólo del alma inmortal con que el hombre existe, sino que el mismo cuerpo participa de esta relación fundamental con el Creador.

> El cuerpo del hombre participa de la dignidad de la «imagen de Dios»: es cuerpo humano precisamente porque está animado por el alma espiritual, y es toda la persona humana la que está destinada a ser, en el Cuerpo de Cristo, el Templo del Espíritu (cfr. 1 Co 6,19-20; 15,44-45).
>
> Catecismo de la Iglesia Católica, n. 364.

Estos dos principios del ser humano, cuerpo y alma, guardan una estrechísima relación mutua, como no es difícil de entender, pues los dos son necesarios para que el hombre sea en plenitud. Es verdad que el alma humana, como ha probado la filosofía, y consta en la Revelación, puede subsistir por sí misma, sin necesidad del apoyo material del cuerpo, cosa que a la inversa, como es evidente, no sucede, ya que sólo el alma es capaz de animar, es decir de dar vida, al cuerpo. Cuando el hombre muere, de hecho, como explicaba la tradición filosófica clásica, se produce la separación de estos dos principios humanos, el cuerpo, que se descompone paulatinamente separado del alma, y el espíritu, que por ser inmaterial no puede sufrir descomposición, y queda en un estado autónomo.

> La unidad del alma y del cuerpo es tan profunda que se debe considerar al alma como la «forma» del cuerpo (cfr. Concilio de Vienne, año 1312, DS 902); es decir, gracias al alma

---

[66] Cfr. Concilio de Letrán V, año 1513: DS 1440.

espiritual, la materia que integra el cuerpo es un cuerpo humano y viviente; en el hombre, el espíritu y la materia no son dos naturalezas unidas, sino que su unión constituye una única naturaleza.»

CCE, n. 365.

Inmortalidad del alma y destino eterno del hombre

Además, la verdad católica nos enseña con claridad que las almas de los que han fallecido pasan por el juicio particular y son condenadas, si se encuentran en un estado de pecado mortal, o son premiadas con la visión de Dios, si su alma está ya en condiciones de recibir este don[67]. De forma poética lo dice San Juan de la Cruz:

«A la tarde te examinarán en el amor.»

SAN JUAN DE LA CRUZ, *Dichos* 64.

«Cada hombre, después de morir, recibe en su alma inmortal su retribución eterna en un juicio particular que refiere su vida a Cristo, bien a través de una purificación (cfr. Concilio de Lyon: DS 857-858; Concilio de Florencia: DS 1304-1306; Concilio de Trento: DS 1820), bien para entrar inmediatamente en la bienaventuranza del cielo (cfr. Benedicto XII: DS 1000-1001; Juan XXII: DS 990), bien para condenarse inmediatamente para siempre (cfr. Benedicto XII: DS 1002).»

Catecismo de la Iglesia Católica, n. 1022.

De todas formas, el hombre no está completo sin su cuerpo, y por eso la escatología cristiana —la doctrina de fe sobre las verdades eternas del hombre— enseña, tomando pie en la Es-

---

[67] Cfr. CCE, nn. 362-8.

critura, la resurrección de los cuerpos, para gloria de los que gocen de la vida en Dios y tormento de quienes le hayan repudiado. Al final de la historia, cuando tenga lugar esta promesa de la resurrección corporal, el hombre volverá a ser uno en su composición de cuerpo y alma, pero esta vez con la fuerza de la determinación eterna de Dios para el hombre.

> No perece (el alma) cuando se separa del cuerpo en la muerte, y se unirá de nuevo al cuerpo en la resurrección final.
>
> Catecismo de la Iglesia Católica, n. 366.

La Creación del hombre en el Paraíso y las condiciones iniciales de su existencia en la tierra

Una vez que hemos sido capaces de aclarar la peculiar naturaleza del hombre desde el punto de vista ontológico, nos encontramos en condiciones de proseguir con el relato bíblico de los inicios. Dios, según el Génesis, no sólo crea al hombre con unas condiciones fundamentales, sino que dispone a su alrededor un conjunto de realidades que le configuran en su vocación de ser hombre.

En efecto, los siguientes párrafos de la Biblia, continuadores del relato de su Creación, se detienen en la descripción del lugar donde queda colocado el hombre como consecuencia de su Creación. Es un lugar —bien conocido en la cultura occidental—, llamado por la Biblia como el «Jardín del Edén», aunque más coloquialmente se designa en ocasiones como el «Paraíso terrenal», ya que Dios dispuso todas las condiciones para que el hombre, allí, se encontrara con la más plena y maravillosa felicidad.

En este momento de su Creación, el hombre gozaría de la más perfecta armonía con todo lo que le rodea, ya sea el mismo Dios que le ha creado, ya sean las criaturas de la tierra donde está colocado. Todo guarda la perfecta y armónica relación de lo inmaculado y recién terminado con la perfección divina.

> El Señor Dios plantó un jardín en Edén, al oriente, y puso allí al hombre que había formado.

> Gn 2, 8.

El primer hábitat que Dios dispensa al hombre —siguiendo las explicaciones de la Escritura— es un jardín, esto es, un lugar especialmente adecuado y maravilloso para el disfrute de todo lo creado por el Señor.

Sin embargo, Dios no sólo ha colocado al hombre en el Paraíso. También ha procurado que encuentre, cómodamente y casi gratuitamente —sólo necesita trabajar—, los medios de subsistencia. Desde este momento, aparece la realidad humana del trabajo, desde el instante en que Dios coloca al hombre en el Edén y le encarga su custodia y su atención.

Como se aprecia en los versículos citados, Dios no deja de cuidar de sus criaturas, y al hombre particularmente, hasta el punto de que, aunque le ha dotado como veremos de cualidades muy excepcionales y podría bastarse por sí mismo, le atiende y le concede unas atenciones en perfecta consonancia con la peculiar relación que se va a dar entre Dios y el hombre.

> El Señor Dios tomó al hombre y le colocó en el jardín de Edén para que lo trabajara y lo cuidara.

> Gn 2, 15-18.

El «jardín del Edén», en que se encuentra originalmente el hombre, adquiere en el relato bíblico un poderoso carácter simbólico. A través de él se nos presenta la dichosa existencia de los primeros padres, Adán y Eva. Pero hay que tener en cuenta que, para la lógica de la Escritura, en ellos están representados todos los hombres, como consecuencia de la unidad de la naturaleza humana.

El hombre, creado para trabajar y cuidar el Paraíso

Según el relato del Génesis, el hombre, al ser colocado en el jardín de Edén, recibe un encargo particular. Del mismo modo que las demás especies desempeñan funciones específicas dentro de la Creación —volar, el pájaro; nadar, los peces—, así también el hombre se sabe creado en el mundo con una misión que viene determinada por su peculiar condición vital. El hombre es creado, dice la Escritura, «para trabajar».

Éste es el encargo que Dios dispone para el hombre al colocarle en el Edén. Trabajar y cuidar las especies que allí se encuentran, esa es la misión, dada la condición específica del hombre, con una finalidad también peculiar, que es hacer fructificar lo creado por Dios, de modo que se acreciente su fruto y su belleza por medio de la colaboración humana del trabajo. Nadie podrá decir por tanto que el trabajo aparezca en la Biblia de la mano del pecado, pues ya vemos que en la historia de la Creación el hombre es puesto en el jardín con este encargo desde el inicio, un encargo que exige una actividad constante. Con claridad lo expresa la Sagrada Escritura cuando determina el sentido del hombre como un «ser para el trabajo»:

> fue creado para que trabajara[68].
>
> Gn 2, 15.

No es de extrañar, entonces, que el Fundador del Opus Dei, san Josemaría, teniendo que predicar abundantemente sobre la necesidad de la santificación a través del trabajo pro-

---

[68] *Ut operaretur*, como dice la versión latina del texto. Dios crea al hombre para trabajar.

fesional bien hecho, se refiriera a este pasaje fundamental del Génesis[69], considerando la bondad de cualquier trabajo humano sobre la tierra.

Hemos de convencernos, por lo tanto, de que el trabajo es una estupenda realidad, que se nos impone como una ley inexorable a la que todos, de una manera o de otra, estamos sometidos, aunque algunos pretendan eximirse. Aprendedlo bien: esta obligación no ha surgido como una secuela del pecado original, ni se reduce a un hallazgo de los tiempos modernos. Se trata de un medio necesario que Dios nos confía aquí en la tierra, dilatando nuestros días y haciéndonos partícipes de su poder creador, para que nos ganemos el sustento y simultáneamente recojamos frutos para la vida eterna: el hombre nace para trabajar, como las aves para volar.

SAN JOSEMARÍA ESCRIVÁ, *Amigos de Dios*, n. 57.

El trabajo es una realidad noble y buena de la Creación, aunque, como el resto de las realidades creadas, también el trabajo sufre las consecuencias del pecado original. Desgraciadamente el hombre no permaneció fiel al amor de Dios que se había manifestado en su decisión de colocarle en este lugar tan bello y placentero, donde el trabajo aparecía como una continuidad llena de hermosura de la labor creadora de Dios. A partir de la caída de nuestros primeros padres, el trabajo viene asociado al cansancio, a la fatiga. A partir de ese momento, efectivamente, la vida del hombre se separa de la voluntad de Dios y las reali-

---

[69] Desde el comienzo de su Creación, el hombre —no me lo invento yo— ha tenido que trabajar. Basta abrir la Sagrada Biblia por las primeras páginas, y allí se lee que —antes de que entrara el pecado en la humanidad y, como consecuencia de esa ofensa, la muerte y las penalidades y miserias— Dios formó a Adán con el barro de la tierra, y creó para él y para su descendencia este mundo tan hermoso, *ut operaretur et custodiret illum*, con el fin de que lo trabajara y lo custodiase (*Amigos de Dios, 57*).

dades de la vida del hombre no estarán siempre plenamente integradas en la vocación humana y sobrenatural del hombre al amor de Dios.

El estado original del hombre en la Creación

El Génesis nos habla de la felicidad, incluso sensible, como característica esencial de la vida humana anterior a la primera ruptura con Dios, que Dios ha destinado a los primeros padres de la raza humana, y en ellos a todos los hombres y mujeres que habían de venir en el futuro. Sólo la historia de la desobediencia inicial al precepto divino es causante de la dificultad con que se encuentra el hombre desde el comienzo para llegar a ella.

Siguiendo las enseñanzas de la Iglesia y de los grandes autores espirituales de la vida cristiana a lo largo de los siglos, podemos interpretar el estado de felicidad original en que se encuentran Adán y Eva como una consecuencia, la más sensible, de la unión con Dios que disfrutaban desde el origen por gracia divina.

> El primer hombre fue no solamente creado bueno, sino también constituido en la amistad con su creador y en armonía consigo mismo y con la Creación en torno a él; amistad y armonía tales que no serán superadas más que por la gloria de la nueva Creación en Cristo.
>
> Catecismo de la Iglesia Católica, n. 374.

Efectivamente, al hablar de un jardín, situado en un lugar adecuado, el texto nos enseña que el cuerpo, y en general la materialidad de la existencia humana, forman parte esencial del proyecto de crear al hombre para la felicidad. El cuerpo y la materia, considerados desde esta perspectiva, son «buenos» de forma radical, es decir, en cuanto su «ser en sí», en su misma realidad de ser lo que son. Han sido queridos por Dios desde

siempre y no, como pensaba el filósofo Platón, como consecuencia de la caída primera.

En esta primera condición del hombre, que no es angélica
sino propiamente humana, llena de sensibilidad y de armonía
también material, Adán y Eva disfrutan sobre todo, desde el
punto de vista interior, de una plena comunión con su Creador, ya que han sido creados y elevados a participar de su justicia y santidad[70], pues la gran cercanía con Dios en que se encuentran revierte en un parecido muy profundo con su Dios, o
como dice el Concilio de Trento, saliendo al paso de interpretaciones erróneas divulgadas en ambientes protestantes, Adán y
Eva, los dos por igual, como consecuencia de ser creados,

> han sido constituidos en un «estado de santidad y justicia ori-
> ginal»[71].
>
> Concilio de Trento, Sobre el pecado original.

Las expresiones «santidad y justicia» están tomadas de la Escritura. Con ellas se hace referencia a la vida divina de la que el
hombre participó originalmente en el momento de su Creación
y antes del pecado. La naturaleza humana, al ser creada, había
sido elevada gratuitamente a la condición sobrenatural —por
encima de su ser natural— de unión con Dios en plena santidad y justicia. De esta condición tan singular y del todo inme-
recida por la criatura, se derivaban una serie de propiedades del
todo especiales, como nos explica el relato del Génesis[72] y que
el Catecismo las resume en los siguientes términos:

> Por la irradiación de esta gracia, todas las dimensiones de la
> vida del hombre estaban fortalecidas. Mientras permaneciese

---

[70] Cfr. *Lumen Gentium*, n. 2.
[71] Cit. en el Catecismo de la Iglesia Católica, 375.
[72] Gn 2, 17; 3, 16; 3, 19.

en la intimidad divina, el hombre no debía ni morir (cfr. Gn 2,17; 3,19) ni sufrir (cfr. Gn 3,16). La armonía interior de la persona humana, la armonía entre el hombre y la mujer, y, por último, la armonía entre la primera pareja y toda la Creación constituía el estado llamado «justicia original».

Catecismo de la Iglesia Católica, n. 376.

Sin embargo el hombre perdió estas prerrogativas de la vida divina cuando infringió el precepto de obediencia con que Dios le puso en el jardín del Edén. Desde entonces la vida del hombre está sujeta a las limitaciones del cansancio, el sufrimiento, la muerte en definitiva. Y el plan de Dios para el hombre siguió estando vigente, aunque el camino para llevarlo a término se vio alterado en su misma raíz. Antes de comprender el significado del pecado en la vida del hombre es preciso sin embargo detenerse en la diferencia que ya hemos empezado a usar entre natural y sobrenatural como dos órdenes fundamentales en la comprensión del hombre.

Capítulo IX

NATURAL Y SOBRENATURAL

La vida *sobrenatural* se identifica, en el lenguaje de la Escritura, con la vida según el Espíritu de Dios. Por eso, propiamente hablando, el envío del Espíritu en Pentecostés abre el horizonte de una nueva vida, de la vida del Espíritu en los corazones de los fieles, a fin de completar el plan salvífico de Dios sobre la humanidad.

La acción del Espíritu Santo

El Espíritu Santo, enviado por el Padre después de la Ascensión del Señor, ha recibido la tarea, ciertamente gigantesca, de volver a instaurar la imagen sobrenatural con que el hombre había sido constituido en los orígenes. El pecado la había desfigurado de una forma lamentable, inclinando a los hombres a vivir fuera de Dios, en constante lejanía de su vocación sobrenatural, hasta que la venida del Hijo de Dios vuelve a restaurar la radicalidad de esta llamada a la comunión con Dios.

Así, leemos en el Catecismo de la Iglesia Católica el sentido sobrenatural con que Dios ha querido al hombre:

La Iglesia enseña que la distinción entre cuerpo y alma no introduce una dualidad en el alma. «Espíritu» significa que el hombre está ordenado desde su Creación al fin sobrenatural, y que su alma es capaz de ser elevada gratuitamente a la comunión con Dios.

Catecismo de la Iglesia Católica, n. 367.

En el inicio de su existencia el hombre fue elevado a la condición sobrenatural, que consistía en la participación en la vida divina, pues Dios crea al hombre para la unión con Él, y por tanto con un destino sobrenatural, que quiere decir «superior a su capacidad por naturaleza». Ésta ha sido, de hecho, la enseñanza continuada de la Iglesia y de los santos Padres.

Sobrenatural quiere decir, por tanto, elevación por encima de la naturaleza: y, atendiendo al dato de la Escritura, ya desde los orígenes, Dios elevó al hombre al orden sobrenatural, de una forma gratuita, pues no estaba condicionado por la criatura en ningún momento para crearlo, como ha quedado muy explicado, pero tampoco para la elevación que sucede libérrimamente. Si hubiera querido que así fuese, Dios no tenía por qué elevar al hombre al plano sobrenatural.

La vocación a la santidad de los hombres, podemos decir, tiene su mismo origen en la Creación y elevación del hombre en los comienzos de su historia.

Pero ¿en qué consistía la vida sobrenatural en el momento de la Creación y elevación de Adán y Eva? ¿Se trata de la misma condición de que goza después de la Redención? La teología y también el Magisterio han hablado de la condición sobrenatural de nuestros primeros padres en los siguientes términos:

El primer hombre fue no solamente creado bueno, sino también constituido en la amistad con su creador y en armonía consigo mismo y con la Creación en torno a él; amistad y armonía tales que no serán superadas más que por la gloria de la nueva Creación en Cristo.

Catecismo de la Iglesia Católica, n. 374.

Lo sobrenatural en Adán y Eva

La existencia de nuestros primeros padres era, como nos recuerda el punto del Catecismo, una vida colmada y dichosa pues habían sido constituidos en la amistad plena con Dios, que es la fuente de todo bien y por tanto de toda dicha. El hombre desde el comienzo es imagen de Dios, se encuentra abierto al diálogo amoroso con su Creador, y si hubiera sido fiel viviría siempre en la comunión constante con Él[73]. Además, el hombre gozaba de unos bienes que la teología ha definido como *preternaturales,* que es una palabra latina que significa «además de los naturales», ya que a los dones naturales que conocemos actualmente habría que sumar las condiciones naturales en las que vivía el hombre antes de la caída: no había muerte, ni sufrimientos, las «pasiones»[74] humanas estaban bien dominadas por la inteligencia y la voluntad se movía derechamente al bien. Pero todo ello se altera con la realidad del pecado.

La escena del Paraíso refleja una situación de amistad entre Dios y el hombre en la que no existe ningún mal, ni siquiera la muerte. El jardín es descrito con los rasgos de un frondoso oasis, con la peculiaridad de que en el centro se encuentran dos árboles, el de la vida y el del conocimiento del bien y del mal,

---

[73] Cfr. CCE, nn. 374-84.
[74] Es un término filosófico, un poco distinto del común sentido de pasiones. Se refiere a los movimientos sensibles que acompañan a las acciones de la voluntad humana.

que simbolizan el poder de la vida y el ser punto último de la referencia en el obrar moral del hombre.

Sagrada Biblia de la Facultad de Teología de la Universidad de Navarra, Eunsa, p. 55.

De la condición de justicia y gracia originales se derivan esta serie de propiedades naturales de que gozaban nuestros primeros padres y que nosotros no conocemos al venir al mundo por culpa del pecado original. Son dones como el de la «integridad física», pues la naturaleza no estaba todavía marcada por el mal, que eran característicos de la naturaleza humana original y que el pecado ha destruido:

> El «dominio» del mundo que Dios había concedido al hombre desde el comienzo, se realizaba ante todo dentro del hombre mismo como dominio de sí. El hombre estaba íntegro y ordenado en todo su ser por estar libre de la triple concupiscencia (cfr. 1 Jn 2,16), que lo somete a los placeres de los sentidos, a la apetencia de los bienes terrenos y a la afirmación de sí contra los imperativos de la razón.
>
> Catecismo de la Iglesia Católica, n. 377.

Los dones preternaturales acompañan y son un reflejo de los dones sobrenaturales, como se pone de manifiesto en que con el pecado desaparecen ambos. La Creación y elevación del hombre trae consigo una gran riqueza de vida divina para el hombre, que de forma sintética se puede expresar con las palabras «justicia y santidad originales», que como hemos de ver son recurrentes en los textos magisteriales a la hora de hacer referencia a Adán y Eva antes de la caída.

Por su importancia debemos precisar todavía más esta afirmación.

El estado original del hombre en el Paraíso

En el punto número 375, el Catecismo de la Iglesia nos informa del sentido simbólico que subyace a todos estos relatos del Génesis.

> La Iglesia, interpretando de manera auténtica el simbolismo del lenguaje bíblico a la luz del Nuevo Testamento y de la Tradición, enseña que nuestros primeros Padres fueron constituidos en estado de santidad».
>
> Catecismo de la Iglesia Católica, n. 375.

Este texto del Catecismo se hace eco de una larga serie de intervenciones magisteriales, que a su vez recogen las principales referencias patrísticas sobre el Génesis. La lista sería muy extensa, pero siempre encontraríamos en todas ellas expresiones parecidas a «estado de santidad» original para referirse a la vida de Adán y Eva en el Paraíso, antes de la caída.

En concreto, este pasaje cita textualmente la intervención del Concilio de Trento sobre el pecado original, que es uno de los momentos magisteriales más importantes a la hora de fijar la interpretación de la Iglesia sobre la condición original del hombre. Allí, en efecto, saliendo al paso de posibles interpretaciones erróneas, los padres conciliares hablan del estado de justicia y santidad originales que disfrutaba inicialmente el ser humano tras su Creación:

> Adán y Eva fueron constituidos en un «estado de santidad y de justicia original.
>
> Concilio de Trento, sesión 5, Decreto *De peccato originali,* canon 1[75].

---

[75] DS 1511.

¿Qué quiere decir justicia y santidad original? Ciertamente el contenido de estos adjetivos, con que se quiere hablar de la condición del hombre, no son fáciles de abarcar y presentar en un modo exhaustivo. La teología desde hace siglos recurre a diversos caminos para dar razón de ellos. Nosotros, con la enseñanza del concilio, nos quedamos simplemente en una afirmación general que recuerda vivamente el lenguaje de la Escritura.

La vida de santidad y justicia originales

«Santidad», en primer lugar, era una de las notas más características del ser de Dios, según múltiples testimonios de la Escritura, tanto del Viejo como del Nuevo Testamento[76]. Dios, como recuerda gráficamente la historia de la vocación del profeta Isaías, es el tres veces santo. Así le aclaman constantemente los ángeles que se encuentran en su presencia:

> ¡Santo, Santo, Santo es el Señor!
>
> Is 6, 1.

En cuanto a la justicia se podría decir otro tanto, pues Dios, en el Antiguo Testamento, es el único justo. Los hombres no pueden emular la santidad y justicia de Dios, aunque el texto sagrado también reconoce la posibilidad de contemplarla y participar a su modo de ellas

> Que es justo Yahvé y lo justo ama, los rectos contemplarán su rostro.
>
> Sal 11, 7.

---

[76] Creo en un solo Dios... CCE 200 y ss. enumera las características de la naturaleza divina.

Ya en el mundo del Evangelio, los cristianos, a la luz de los misterios de Cristo, profesan la posibilidad, gracias al don del Espíritu de Dios, de participar en estos atributos de la divinidad. Es la participación en la vida divina que Cristo ha ganado para los hombres que le reciben en la fe y el amor. Por eso no es de extrañar que el Concilio Vaticano II, en su Constitución Lumen Gentium, haga mención de la justicia y santidad como atributos propios de la participación en la vida divina (cfr. *Lumen Gentium,* n. 2)

> Esta gracia de la santidad original era una participación en la vida divina.
>
> Catecismo de la Iglesia Católica, n. 375.

De este modo vemos cerrado el círculo de la interpretación del estado inicial en que fueron creados los primeros hombres. Dios les dotó de las características naturales más adecuadas para los fines y funciones que habían de desempeñar en la tierra, pero por encima de cualquier otra dimensión terrena, también les otorgó un don excepcionalmente precioso, que no era otro que su misma vida, mejor dicho, la participación de la vida de Dios, sin la cual todas las demás realidades de la existencia del hombre quedan reducidas a un horizonte pequeño, el horizonte de lo terreno.

Ellos, como los ángeles que fueron fieles a la gracia de Dios, en el momento inicial de su existencia, fueron seres personales vitalmente unidos a la divinidad: vivían en Dios y para Dios, hasta que la envidia del Maligno hace aparición en la escena del Paraíso. Y la vida en el Espíritu que ha traído Cristo a la tierra es una regeneración de la capacidad del hombre para vivir en Dios ya aquí en la tierra.

Capítulo X
EL PECADO ORIGINAL

La verdad de fe del pecado original, atestiguada por los primeros pasajes de la Escritura, ha sido definida por el Magisterio de la Iglesia en muchas ocasiones, y de manera particular en el Concilio de Trento, que trató expresamente este tema en su sesión Quinta. Dada la importancia del pecado original en la visión cristiana del hombre, debemos dedicarle un capítulo entero que nos sirva para una mejor comprensión de este misterio.

El pecado original en la Escritura

Como una señal de la universalidad del mal en el mundo, de su radicalidad en la historia de la humanidad, el libro del Génesis nos relata la primera desobediencia de los hombres ante Dios. No es fácil comprender en toda su integridad este pasaje, uno de los más conocidos y comentados de la Biblia.

> La serpiente dijo a la mujer: —No moriréis en modo alguno; es que Dios sabe que el día que comáis de él se os abrirán los ojos y seréis como Dios, conocedores del bien y del mal.
>
> Gn 3, 4-5.

El texto reproduce fielmente la táctica de la tentación. El demonio, como explica San Juan, es el Padre de la mentira y actúa conforme a ella (cfr. Jn, 8, 44; 1 Jn 2, 21). No se presenta de modo descarado, sino solicitando el deseo escondido del hombre. Se insinúa suavemente, contraviniendo sin embargo la voluntad de Dios, para que el hombre confunda su propio deseo con el bien real y objetivo.

La serpiente les promete una falsa divinización: «os haréis como dioses», si coméis. Porque el enemigo del alma humana sabe de las altas metas a que ha sido llamado el hombre; sabe que está hecho para el amor y la unión con Dios, y no puede más que ofrecer ser otro dios, aunque sea mentira. Como sólo con Dios puede estar satisfecha el alma humana, el Tentador les ofrece una divinización, en este caso, falsa, porque es la autodivinización, la autorrealización del hombre sin tener en cuenta la Ley de Dios para ellos. «No moriréis», les dice de forma engañosa, ya que precisamente al desoír los mandamientos de Dios, el hombre se precipita hacia la muerte espiritual del vivir al margen de Dios, fuente de toda vida. Por eso Dios les había recordado el peligro de la desobediencia: «si coméis del fruto del árbol, moriréis», no porque quisiera el castigo de los hombres, sino para prevenirles del camino que se abre fuera de la unión con Dios. La muerte es la esfera del poder del diablo, donde no está Dios, porque proviene de la desobediencia y de la rebeldía contra Él.

Las leyes de Dios no son arbitrarias. Esto vale para el mandato en el Paraíso a nuestros primeros Padres, y también para las Tablas de la Ley, los diez mandamientos de la Ley de Dios, que más adelante, en el Sinaí, Dios entrega a Moisés. Dios no quiere la sujeción del hombre a su voluntad porque sí, como si, por ser el Creador, pudiera ordenar cualquier cosa, incluso lo odioso y destructivo para el hombre. Al revés, como es el Creador, sólo busca el bien de la criatura. Y quiere nuestro amor de una forma adecuada a nuestra condición de criaturas racionales y libres, aunque hasta la llegada de Cristo no se aprecia en su justa medida este respeto de Dios por la libertad del hombre.

En realidad, Dios quiere el bien, porque su Voluntad es perfecta y sólo se orienta hacia el Bien total, a diferencia de la nuestra que es frágil y se expone constantemente al error. Los mandamientos de Dios tienen todo el sentido de la limitación de la criatura, que se encuentra sujeta a la debilidad de su propia condición. De ahí que Dios intervenga con una ayuda preciosa en la vida moral del hombre. Sin embargo, el hombre tiene en su libertad el destino de sus pasos, y puede decidir en cada instante si se dirige a la meta querida por Dios, o si prefiere darle la espalda en pos de un ideal propio y personal.

No es fácil de entender, con todo, este mal uso de la libertad por parte del hombre, por el que se opone abiertamente a la voluntad de Dios. San Pablo lo denomina «mysterium iniquitatis», misterio del mal, refiriéndose no sólo al hombre sino también a la desobediencia de los ángeles caídos, que se rebelaron ante el orden querido por Dios. En definitiva, es la desobediencia, la soberbia, la que se enciende en el corazón del ser espiritual cuando conoce las palabras de Dios y no las admite porque entran en colisión con su personal forma de organizar el sentido de la existencia. No es una historia desconocida para ningún ser humano, ya que desde los más tiernos años de nuestra vida estamos familiarizados con estas decisiones, a favor o contra de la voluntad de Dios. Como ha escrito tan gráficamente san Josemaría en una de sus homilías sobre el texto de la Escritura que comentamos,

> los ojos del alma se embotan; la razón se cree autosuficiente para entender todo, prescindiendo de Dios. Es una tentación sutil, que se ampara en la dignidad de la inteligencia, que nuestro Padre Dios ha dado al hombre para que lo conozca y lo ame libremente. Arrastrada por esa tentación, la inteligencia hu-

mana se considera el centro del Universo, se entusiasma de nuevo con el «seréis como dioses» y, al llenarse de amor por sí misma, vuelve la espalda al amor de Dios.

Es Cristo que pasa, n. 6.

Las consecuencias de este proceso de desobediencia, que es el pecado, no tardan en comprobarse. Del mismo modo que el pecador comprende enseguida su lejanía de la presencia de Dios, Adán y Eva escucharon las palabras con que Dios confirmaba la ruptura de la amistad que hasta ese momento había sido origen de tantos bienes para el hombre.

Las consecuencias de la desobediencia de nuestros primeros Padres

Con expresiones muy llamativas, que son características de todos estos capítulos referidos al origen de la historia y de la vida humana, el Génesis explica la situación en que se encontraron Adán y Eva inmediatamente después de haber incurrido en la desobediencia al mandato divino de no comer del árbol del bien y del mal. El lenguaje de la Escritura es extraordinariamente plástico, a la hora de expresar las radicales consecuencias de la elección del mal y de la desobediencia de los mandatos divinos:

Entonces se les abrieron los ojos y conocieron que estaban desnudos; entrelazaron hojas de higuera y se las ciñeron. Y cuando oyeron a voz del Señor Dios que se paseaba por el jardín a la hora de la brisa, el hombre y la mujer se ocultaron de la presencia del Señor Dios entre los árboles del jardín.

Gn 3, 7-8.

El hombre y la mujer, creados en el mundo de la bondad divina, al elegir el camino del mal, ven todas las cosas con otros

130

ojos, como si ahora fueran distintas. «Se les abrieron los ojos» quiere decir que empezaron a ver con la perspectiva de la malicia, del amor propio desordenado, hasta el momento inexistente, porque todo obedecía al orden querido por Dios en la Creación.

Con la desobediencia, la situación se ha alterado notablemente. Las potencias de la inteligencia y la voluntad, como la visión, se han visto turbadas por el deseo de cumplir la propia voluntad, por encima incluso de la divina. El hombre y la mujer guardan una nueva relación entre sí y con lo creado. Con Dios, evidentemente, las cosas tampoco siguen igual, pues el pecado ha roto el hilo de comunicación entre ellos. Todo el orden inicial se ha venido abajo.

Es un momento terrible en la historia de la humanidad. Es el primer instante en que el hombre ha conocido el mal, y ya no lo puede olvidar. Su mirada se ha inficionado por este deseo no recto, de manera que a partir de entonces también el resto de las cosas que están a su alrededor empiezan a ser objeto de su amor propio. Sus cuerpos, hasta el momento, perfectamente sujetos a los movimientos del alma, comienzan a solicitar un papel que desborda la capacidad de dominio presente en el corazón del hombre. Y por eso se ciñen. Ha nacido la necesidad del pudor y de la modestia, como virtudes anejas a la castidad, para la persona que quiere conservar su corazón cerca de la pureza interior.

Pero más tremenda es la consecuencia en el mismo corazón del hombre. La desobediencia ha alterado las relaciones entre las personas, ya no habrá un diálogo plenamente unitivo entre ellos, y también con los seres creados, que se ven sujetos a este desorden causado por la soberbia; y la alteración más grave es la referencia a Dios, que hasta el momento había sido plenamente querida y valorada por el hombre, y que ahora se torna tremendamente difícil, no por parte de Dios, que sigue buscando al hombre:

oyeron la voz de Dios que pasaba,

Gn 3, 8.

sino porque el hombre ya no está en condiciones de aceptar plenamente las consecuencias de la verdad y el bien. Su corazón y su entendimiento se han achicado, como consecuencia del peso de su voluntad desviada, que sólo quiere su propio bien, y del desprecio del bien de Dios.

La enseñanza del Magisterio de la Iglesia

Nos queda todavía por tratar la interpretación de estos textos dentro de la Tradición de la Iglesia. A lo largo de las generaciones, efectivamente, los autores espirituales y el Magisterio, apoyándose en la luz de los misterios de Cristo, han comprendido con una nueva profundidad la realidad del mysterium iniquitatis, como llamaba San Pablo a la presencia del pecado en el mundo.

En el Catecismo de la Iglesia Católica, como primera referencia, nos encontramos con puntos muy claros sobre este tema:

> La Revelación nos da la certeza de fe de que toda la historia humana está marcada por el pecado original libremente cometido por nuestros primeros padres.
>
> Catecismo de la Iglesia Católica, n. 390.

Ciertamente, la experiencia humana y sobrenatural en la vida de la Iglesia confirma este dato de fe. La realidad del pecado no es un universo aislado en determinadas culturas o épocas de la historia humana; al contrario, se manifiesta en el conjunto pleno de las actividades de los seres humanos, como una dimensión realmente insoslayable, que aflora en todas las realizaciones del hombre como un compañero inseparable, aunque tantas veces el esfuerzo del entendimiento humano se haya dirigido a no reconocerlo.

El pecado original, como nos dice el apóstol San Pablo, no fue una caída con consecuencias exclusivamente para nuestros primeros padres, puesto que, al estar unidos por una misma naturaleza, en Adán todos pecamos.

> Por la desobediencia de un solo hombre, todos fueron constituidos pecadores.
>
> Rom 5, 19.

Y esta peculiaridad del primer pecado, que se transmite a las generaciones posteriores del ser humano, no ha dejado nunca de interrogar a los creyentes. ¿Por qué, piensa uno enseguida que se enfrenta con el problema, debo yo arrastrar las consecuencias de un pecado que no he cometido y cuyas secuelas, como enseña la Iglesia[77], nos acompañan ya desde el mismo momento de nuestro nacimiento?

Santo Tomás de Aquino, sin duda apoyándose en las ideas de San Pablo que hemos apuntado anteriormente, da una respuesta que presupone la solidaridad de todo el género humano en una misma naturaleza: en Adán peca el hombre y afecta a todos los hombres, porque la naturaleza del hombre es una,

> como el cuerpo único de un único hombre.
>
> Cfr. S. TOMÁS DE AQUINO, *Cuestiones disputadas sobre el mal*, 4, 1, c.

Así, piensa el Doctor común, en Adán todo el género humano se encontraba presente, en cierto modo[78]. El pecado fue de naturaleza ya que en ese momento todo el ser del hombre era la vida y la existencia de nuestros primeros padres. Al desobedecer ellos,

---

[77] CCE, n. 402.
[78] Citado en el Catecismo de la Iglesia Católica, n. 404.

todos los que veníamos detrás, nos vimos privados de las condiciones de bienaventuranza que habían sido prometidas por el Señor para la humanidad y, a partir de entonces, el hombre, cuando viene al mundo, nace ya afectado por un mal que es la «muerte del alma», como explica el Catecismo en su número 403.

En las palabras de la Escritura se lee muy claramente la doctrina de la unidad del género humano y la solidaridad por naturaleza con que participamos de las consecuencias del pecado de de Adán. Como lo expresa San Pablo, en Adán todos los hombres están implicados, de modo análogo a como en Cristo todos podemos alcanzar justicia (cfr. Rom 5, 12ss).

> Como por un solo hombre entró el pecado en el mundo y por el pecado la muerte, así la muerte alcanzó a todos los hombres, por cuanto todos pecaron...
>
> Rom 5, 12.

A la luz del misterio del pecado original, nos dice el Apóstol, se ilumina uno de los misterios más agudos de la vida del hombre: la muerte. La conexión con el pecado es presupuesto de su universalidad: de la misma manera que el pecado también ha tocado a todos los hombres, la muerte aguarda el fin de todo ser humano en la tierra.

Según explica el Catecismo de la Iglesia Católica, Adán había recibido una justicia y santidad originales, tal como hemos visto en el anterior capítulo, pero de un modo que no eran atributos sólo para él, ya que siendo cabeza del género humano, en él radicaba la herencia posterior a los demás hombres.

> No eran sólo para él, sino para toda la familia humana: cediendo al tentador, Adán y Eva cometen un pecado personal, pero este pecado afecta a la naturaleza humana, que transmitirán en estado caído.
>
> Catecismo de la Iglesia Católica, n. 404.

El pecado original afectó por tanto a toda la humanidad y, desde entonces, cada persona humana que viene al mundo está marcada por él y sus consecuencias. No se trata de un pecado imputado a cada uno personalmente, ya que sólo fue cometido una primera vez por Adán y Eva, sino del estado de pecado en que se encuentra nuestra naturaleza humana. Nos afecta a cada ser humano y es propio de cada cual, en cuanto que cada uno participa de la naturaleza humana para existir como hombre, pero no es personal, al no haber sido cometido personalmente por ninguno de los descendientes de Adán y Eva[79]. La transmisión del pecado consiste por lo tanto en la privación de santidad y justicia originales, que formaban parte de la realidad originaria querida por Dios para el género humano, y que después de la caída original ya no forman parte de la herencia que reciben sus descendientes al participar de una naturaleza que se encuentra en estado caído.

El Concilio de Trento, en el siglo XVI, convocado para reformar la Iglesia después de la crisis protestante, tuvo que tratar con detalle todos estos temas relacionados con los orígenes del hombre, ya que la tradición espiritual de la Iglesia, que había crecido acorde con estos datos de fe, resultaba amenazada por las propuestas doctrinales de los reformadores[80]. Para estos, el hombre después del pecado original estaría «radicalmente pervertido y su libertad anulada», como dice el Catecismo de la Iglesia Católica, resumiendo las principales enseñanzas de estos autores[81]. De fondo se encuentra latente una confusión doctrinal, antes del Concilio bastante extendida, que no distingue entre la concupiscencia, esto es, la tendencia al mal que hay en el interior del hombre y de la mujer, como consecuencia del pecado original y de los pecados personales, y el pecado heredado por cada hombre.

---

[79] Cfr. *Ibidem.*
[80] Cfr. *Decretum de peccato originali*, DS 1510-6.
[81] CCE, n. 406.

La Iglesia había clarificado ya muchos elementos de este problema en anteriores ocasiones, p. ej. de un modo solemne y rotundo en el Concilio de Orange II, en el año 529, y posteriormente, quedará plenamente definido, como hemos dicho, en Trento, en el año 1546[82]. La naturaleza del hombre, nos enseña la doctrina tradicional de la Iglesia, sean cuales fueren los efectos del pecado, no está completamente corrompida[83].

> Aunque propio de cada uno (cfr. Concilio de Trento: DS 1513), el pecado original no tiene, en ningún descendiente de Adán, un carácter de falta personal. Es la privación de la santidad y de la justicia originales, pero la naturaleza humana no está totalmente corrompida: está herida en sus propias fuerzas naturales, sometida a la ignorancia, al sufrimiento y al imperio de la muerte e inclinada al pecado (esta inclinación al mal es llamada «concupiscencia»). El Bautismo, dando la vida de la gracia de Cristo, borra el pecado original y devuelve el hombre a Dios, pero las consecuencias para la naturaleza, debilitada e inclinada al mal, persisten en el hombre y lo llaman al combate espiritual.
>
> Catecismo de la Iglesia Católica, n. 405.

Para la Iglesia católica, la naturaleza humana, tras el pecado original, ha quedado herida en sus potencias y capacidades naturales, como consecuencia de la caída. Y entre otras limitacio-

---

[82] CONCILIO DE ORANGE, II, *Cánones* 1-2, DS 371-2; CONCILIO DE TRENTO, Sesión 5.ª, *Decretum de peccato originali*, DS 1510-6. Los motivos de ambas formulaciones son sin embargo muy distintos, casi opuestos. En el primero, que tiene como punto de mira las ideas de Pelagio, estaba en juego la necesidad de afirmar que la regeneración bautismal es capital y precisa para llevar una vida grata a Dios, mientras que en el segundo, se salía al paso de la idea luterana de un pecado original que incapacita a la naturaleza humana para ser sustrato de la gracia.
[83] Cfr. *Catecismo de la Iglesia Católica*, n. 406.

nes podemos citar las siguientes, de forma parecida a como han sido enumeradas en el Catecismo[84]:

1. El entendimiento propio de la naturaleza humana ha quedado sometido a la ignorancia.

2. La vida del hombre aparece marcada inexorablemente por el sufrimiento.

3. La existencia del hombre se encuentra sometida, a no ser que se abra a la gracia de Dios, al imperio de la muerte espiritual del alma.

4. La voluntad humana ya no es capaz de vivir siempre en el bien y, como comprueba el hombre constantemente, se encuentra inclinada al pecado.

La dimensión social del pecado original

Pero, por si todo esto fuera poco, el influjo del mal, que comienza con la historia del pecado original, no se reduce desgraciadamente a la esfera personal del individuo. Con San Pablo podemos decir que, después del pecado, toda la realidad del universo sufre una fuerte tiranía del Maligno, sufrida especialmente antes de la venida del Salvador.

Para San Juan, el mundo entero, la dimensión física y espiritual en que se mueven los hombres después del pecado, es una realidad en sí misma marcada por la mentira y la envidia; podríamos decir que el mundo es el espacio que, habiendo salido de las manos de Dios y habiendo sido creado en la bondad natural, yace ahora en poder del Maligno (cfr. 1 Jn 5, 19; CCE, n. 409).

De este modo, se comprende bien que la Escritura y tantos autores cristianos, expertos en la vida espiritual, hablan de la

---

[84] *Ibidem*, n. 405.

vida humana como un combate que se realiza en el corazón del hombre, entre las fuerzas del mal y el deseo del bien que ha sido colocado allí también en el momento de la Creación.

A través de toda la historia del hombre se extiende una dura batalla contra los poderes de las tinieblas que, iniciada ya desde el origen del mundo, durará hasta el último día, según dice el Señor. Inserto en esta lucha, el hombre debe combatir continuamente para adherirse al bien, y no sin grandes trabajos, con la ayuda de de la gracia de Dios, es capaz de lograr la unidad en sí mismo[85].

Constitución pastoral *Gaudium et Spes,* n. 37.

También San Josemaría, predicador infatigable de la santidad en medio del mundo, en medio de todo lo creado que debe ir a Dios de nuevo, resaltaba la dimensión de lucha que hay en la vida cristiana. Y no sólo en la vida del individuo, sino también en la realidad social y política de los pueblos.

Cristo, que es nuestra paz, es también el Camino (Jn, 6). Si queremos la paz, hemos de seguir sus pasos. La paz es consecuencia de la guerra, de la lucha, de esa lucha ascética, íntima, que cada cristiano debe sostener contra todo lo que, es su vida, no es de Dios: contra la soberbia, la sensualidad, el egoísmo, la superficialidad, la estrechez de corazón.

SAN JOSEMARÍA, La lucha interior, 73.

---

[85] AAS 58(1966)1055. Citado en el Catecismo de la Iglesia Católica, n. 409.

BIBLIOGRAFÍA BÁSICA

a) Sagrada Escritura y Magisterio

— *Sagrada Biblia*, con los Comentarios de los profesores de la Universidad de Navarra, vol. I-IV, EUNSA
— *Catecismo de la Iglesia Católica*, nn. 279-421.

b) Manuales de teología de la Creación

— J. MORALES, *El misterio de la Creación*, Eunsa, Pamplona 1998.
— J. L. RUIZ DE LA PEÑA, *La imagen de Dios*, Sígueme, Santander 1994.

c) Ensayos sobre teología de la Creación

— J. RATZINGER, *Creación y Pecado*, Eunsa, Pamplona 1992.
— J. L. LORDA, *Antropología*, Palabra, Madrid 1999.

ÍNDICE

ESTE LIBRO, PUBLICADO POR
EDICIONES RIALP, S. A.,
MANUEL URIBE 13-15, 28033 MADRID,
SE TERMINÓ DE IMPRIMIR
EN ESTILO ESTUGRAF, S. L.,
CIEMPOZUELOS (MADRID),
EL DÍA 10 DE OCTUBRE DE 2024.